基本から理解したい人のための

子どもの発達障害と支援のしかたがわかる本

西永 堅
Nishinaga Ken

日本実業出版社

はじめに

　2016年4月に、「障害を理由とする差別の解消の推進に関する法律」が施行されました。この法律によって、障害を理由とする差別は禁止され、主に公的機関における「合理的配慮」の不提供も差別とされました。
　また従来、「障害」という概念は「身体障害」「知的障害」「精神障害」の3つに大きく分けられていましたが、近年では「発達障害」という用語も積極的に用いられるようになってきました。そして、「インクルージョン」や「インクルーシブ教育」という新しい概念も教育現場に広がってきました。

　本書は、はじめて「発達障害」や「特別支援教育」、「インクルージョン」を学ぶ大学生や保護者、特別支援教育の専門にかかわらず幼稚園から高校までの教員、特別支援教育支援員、保育士、児童発達支援センターや放課後等デイサービスの指導員のみなさんにお伝えしたい情報を簡潔にまとめました。
　現在、社会福祉の分野である「児童発達支援」や「放課後等デイサービス」などと、教育分野である「特別支援教育」との連携が重要視されています。本書が、多専門間にわたって共通理解を進められるのであれば幸いです。

　「発達障害」とは、主に認知発達（脳機能の発達で、文字の読み書きや計算、推論、記憶などの発達）の個人差（遅れや偏り）のことを意味しており、その程度や特徴等によって、「自閉スペクトラム症：第2章」、「ADHD（注意欠如多動症）：第3章」、「LD（学習障害）：第4章」、「知的障害：第5章」などと診断名がつけられています。したがって、本書ではそれらの診断名ごとに章を分けて特徴をまとめました。
　一方、「インクルーシブ教育」とは、1994年にユネスコ・スペイン政府共催の会議で採択された「特別なニーズ教育における原則、政策、実

践に関するサラマンカ声明」（日本政府訳）によれば、「特別なニーズ教育」を意味すると考えられます。

　つまり、従来の障害種別に行なわれてきた特殊教育や障害児教育ではなく、障害の有無にかかわらず、「Education for All」のスローガンのもと、「ニーズ（支援の必要性）」に応じてすべての子どもたちに機会の平等だけではなく、質の公平性・公正性を担保した教育が今後さらに目指されていきます。なお、この「ニーズ」には、障害だけではなく、経済的な理由や性別、人種などによる教育の制限に対するニーズもふくまれると考えられています。

　障害名や診断名は、政府や行政、実践・研究のためにはわかりやすいかもしれませんが、実際の子どもたちには発達に応じてさまざまなニーズがあり、そのニーズも年齢に応じて変容していきます。決して、診断名のモデルのように発達するわけではありません。
　診断名にこだわることなく、横断的（いろいろな特徴をイメージして）、かつ、縦断的に（成長をイメージして）、子どもの認知発達とは何かを学びながら、障害のあるなしにかかわらず、目の前の子どもたちの発達支援に活かしていただければと思います。
　これは、私が「障害がある」といわれる子どもたちから常に教えてもらっていることでもあります。

　私は、星槎（せいさ）大学共生科学部・星槎大学大学院教育学研究科で、特別支援教育関連の講義を担当しています。星槎大学は通信制の大学ですので、学生の平均年齢が30代半ばと通学制の大学よりも高く、10代・20代だけではなく、特別支援学校教諭免許の取得を目指している現職の教員や、発達障害があるといわれる子どもたちの保護者等が一緒に、特別なニーズ教育である「インクルーシブ教育」を学んでいます。
　小・中学校では、年齢によってカリキュラムが決まっているので、そのカリキュラムに合う子どもと合わない子どもが出てきてしまいます。しかし、大学では年齢によってカリキュラムが決まっていないという点は、「インクルージョン」のヒントになるのではないでしょうか？

星槎大学の初代学長でいらっしゃった山口薫先生は、日本の特殊教育の開拓者であると同時に、「日本版ポーテージプログラム」の開発等、子どもの早期発達支援や、インクルージョン教育の牽引者でもありました。

　とても残念なことですが、山口薫先生は2015年4月に90歳で逝去されました。私は、1997年にバングラデシュで行なわれた第13回アジア精神遅滞会議（当時：現在はアジア知的障害会議）ではじめて先生にお会いして以来、特殊教育の歴史からインクルージョンなどの専門性、また、大学教員・研究者としての人生観まで教えていただきました。心より感謝を申し上げるとともに、ご冥福をお祈りします。

　本書の企画をいただいてから、アメリカ精神医学会の診断・統計マニュアルである「DSM」の改定と、その日本語訳の変更がありました。また、世界保健機構（WHO）の国際疾病分類（ICD）の改定が近いうちに行なわれるとされています。
　このように、たとえ子どもの様子が変わらなくても、脳認知科学や医療技術の発展により、診断名は変化していくと考えられます。しかし、子どもの発達支援において「何を大切にするのか」が変わらなければ、診断名が変わり、新しい診断名が増えたとしても、きっと対応できると思います。真のインクルージョンを達成するために、本書が活かされるのであれば、幸甚に存じます。

　最後に、本書の執筆にあたり大変お世話になった日本実業出版社の編集部のみなさまに厚くお礼を申し上げます。

2016年12月

西永　堅

基本から理解したい人のための
子どもの発達障害と支援のしかたがわかる本
● 目次 ●

はじめに

🍀 第1章　発達障害とは何か？

- 1-1 発達障害とは何か？ …… 10
- 1-2 発達障害の教育制度の歴史 …… 12
- 1-3 発達障害は最近増えているのか？ …… 14
- 1-4 発達障害の定義とは？ …… 16
- 1-5 発達とは？ …… 18
- 1-6 その子なりの発達を見る …… 20
- 1-7 発達障害の特徴①　学習面・行動面に困難がある場合 …… 22
- 1-8 発達障害の特徴②　社会性に困難、全般的な発達に遅れがある場合 …… 24

Column　Disabilityは「障害」か？　26

🍀 第2章　自閉スペクトラム症とは何か？

- 2-1 自閉スペクトラム症（ASD）の特徴 …… 28
- 2-2 社会性の発達①　ことばの発達と一人遊び …… 30
- 2-3 社会性の発達②　小学校での遊び …… 32

	社会性の発達③	
2-4	**中学生以降の特徴**	34
2-5	言語・コミュニケーションの発達① **話し方の特徴と類似概念の理解**	36
2-6	言語・コミュニケーションの発達② **抽象概念の理解**	38
2-7	言語・コミュニケーションの発達③ **具体的に、わかりやすく伝える**	40
2-8	言語・コミュニケーションの発達④ **時系列の理解**	42
2-9	**こだわり・常同行動とは？**	44
2-10	**こだわりへの対応——偏食指導から**	46
2-11	**学齢前（学校に入る前）の自閉スペクトラム症**	48
2-12	**学齢期（小学校・中学校等の時期）の自閉スペクトラム症（ASD）**	50
2-13	**学齢後の自閉スペクトラム症（ASD）の進路**	52

Column 認知発達とは？　54

第3章 ADHDとは何か？

3-1	**ADHD（注意欠如多動症）の特徴**	56
3-2	不注意① **ADHDによく見られる不注意の例**	58
3-3	不注意② **不注意に対する支援**	60
3-4	多動性の特徴① **手足をそわそわと動かしたり、よく席を離れる**	62
3-5	多動性の特徴② **じっとしていられず、静かに遊べない**	64

	多動性の特徴③	
3-6	しゃべりすぎることがある	66

	衝動性の特徴①	
3-7	質問の途中に答えたり、順番を待つのが苦手	68

	衝動性の特徴②	
3-8	意図せず他人を妨害してしまう	70

3-9	学齢前のADHDの特徴	72
3-10	学齢期のADHDの特徴	74
3-11	学齢後のADHDの特徴	76

Column 合理的配慮とは？　78

第4章 LDとは何か？

	LDの特徴①	
4-1	LD（学習障害）とは何か？	80

	LDの特徴②	
4-2	さまざまな検査の方法	82

	LDの特徴③	
4-3	学力不振とやる気の問題	84

4-4	「聞くこと」の発達を支援する	86
4-5	「話すこと」の発達を支援する	88

	「読むこと」の発達①	
4-6	文字を「音」から理解する	90

	「読むこと」の発達②	
4-7	文字を「目」から理解する	92

	「書くこと」の発達①	
4-8	読めても書けないことがある	94

	「書くこと」の発達②	
4-9	文章を書けるようになるには？	96

4-10	「計算すること」の発達① 数や量の概念を理解する	98
4-11	「計算すること」の発達② 足し算を行なう際のステップ	100
4-12	推論の発達① 推論する力とは？	102
4-13	推論の発達② ルールを理解する	104
4-14	学齢前のLDの特徴と支援	106
4-15	学齢期のLDの特徴と支援	108
4-16	青年期のLDの特徴と支援	110

Column 認知処理過程とは？　112

第5章　知的障害とは何か？

5-1	知的障害の特徴① 知的障害とは？	114
5-2	知的障害の特徴② ことばの発達と記憶について	116
5-3	知能指数とは？	118
5-4	ダウン症の特徴	120
5-5	学齢前の知的障害の特徴	122
5-6	学齢期の知的障害の特徴	124
5-7	青年期の知的障害の特徴	126

Column ピープル・ファースト運動　128

第6章 発達障害を対象とした支援方法

- 6-1 さまざまな支援プログラムがある ……… 130
- 6-2 応用行動分析学とは? ……… 132
- 6-3 適切な行動を増やす ……… 134
  - **Column** ポーテージプログラムとは? 136

第7章 発達障害の支援で大切なこと

- 7-1 インクルージョンとは? ……… 138
- 7-2 主体的に行動できるように支援する ……… 140
  - **Column** これからのインクルージョン 142

さくいん
主な参考文献一覧

カバーデザイン／井上新八
カバー・本文イラスト／寺崎　愛
本文DTP／一企画

第 **1** 章

発達障害とは何か？

1-1 発達障害とは何か?

> 発達障害には、広汎性発達障害、ADHD、LD、知的障害などがあり、子どもたち1人ひとりのニーズに合わせた支援が必要です。

🍀 発達障害の種類

　発達障害とは、発達期において診断される、発達の全般的な遅れや部分的な遅れ、偏りによる障害のことを指します。

　発達障害には、**広汎性発達障害**（自閉症、アスペルガー症候群、高機能自閉症などがふくまれます：アメリカ精神医学会の診断基準である「DSM-5」では、「自閉スペクトラム症」に変更）、**ADHD**（注意欠陥多動性障害）、**LD**（学習障害）、**知的障害**などの種類があります。

🍀 障害名は必ずしも子どもに当てはまらない

　発達障害の名称というのは、あくまでも政府や行政、研究者のために便宜的につくられた定義や分類となります。

　したがって、発達障害の診断名そのものが、必ずしも目の前の子どもに当てはまるわけではありません。子どもを障害名に当てはめるのではなく、子どもの中にさまざまな特徴があるという理解が重要です。

　なお、発達障害と診断される子どもたちには、程度の差こそあれ、複数の障害があることもあります（たとえば、学習障害とADHDは重複割合が高かったりします）。

🍀 子どもたち1人ひとりの発達を見る

　そもそも「発達が遅い」というのは、同年齢の平均の子どもたちと比べた相対的な評価ですので、その子なりの発達を見ていくことが大切です。上記の通り、障害の名称よりも、子どもたち1人ひとりのニーズに応じた支援を行ないながら、「できること」を増やしていくという考え方が重要になります。

◎発達障害の種類と特徴◎

広汎性発達障害 （自閉スペクトラム症）	広汎性発達障害とは、自閉症やアスペルガー症候群、高機能自閉症などをふくんだ診断名です。 　広汎性発達障害は、友人関係や対人関係といった「社会的コミュニケーション」の面での発達の遅れや、「こだわり・常同行動」などが見られます。 ※なお、アメリカ精神医学会の診断基準である「DSM-5」では、主に「広汎性発達障害」と呼ばれていたものを「自閉スペクトラム症」に変更されました。
ADHD （注意欠陥多動性障害/ 注意欠如多動症）	ADHD（注意欠陥多動性障害）の特徴は、「不注意・衝動性・多動性」が見られ、行動面に困難さを抱えている点です。 　「不注意」とはケアレスミスが多いことなど、「衝動性」とは思い立ったことをすぐに行動に移してしまうことなど、「多動性」とは授業中に落ち着かずによく席を離れてしまうことなどが挙げられます。 ※なお、「DSM-5」の日本語版では、「注意欠陥多動性障害」から「注意欠如多動症」という名称に変更されました。
LD（学習障害）	LD（学習障害）の特徴は、全般的な知的発達の遅れはないが、学習面（聞く・話す・読む・書く・計算する・推論する能力）において得意・不得意なことの間に差があり、困難さが見られるという点です。
知的障害	知的障害とは、知的発達の遅れ、社会性などの適応能力の遅れ、18歳未満の発症という条件がそろったときに診断されます。 　知的障害の特徴は、全般的に発達が緩やかで、特にことばの発達が遅れたりする点です。 　なお、知的障害とその他の発達障害とでは、明確な線引きができるわけではありません。

第1章　発達障害とは何か？

1-2 発達障害の教育制度の歴史

> 発達障害の概念は、特殊教育から特別支援教育に制度が変わっていくことによって発展してきました。

🍀 新しい概念である発達障害

広汎性発達障害（自閉症を中心としたアスペルガー症候群、高機能自閉症などをふくんだ診断名）、自閉症、LD（学習障害）、ADHD（注意欠陥多動性障害）、それらをまとめた「発達障害」といった名前を、新聞やテレビなどでよく聞くようになってきたと思います。

また、保護者の方の中には、検診や就学相談のとき、家庭訪問や保護者面談のときに、このような用語をはじめて聞いた方もいらっしゃるかもしれません。

多くの人は、知らない単語を聞いたとき、とても不安になることでしょう。ところが、それらの用語の意味を正しく理解できれば、不安は少なくなります。そこで本書では、新しい概念である発達障害についてわかりやすく説明していきたいと思います。

🍀 特殊教育から特別支援教育（1-3参照）へ

特殊教育とは、盲学校・ろう学校・養護学校、特殊学級で行なわれていた特別な教育のことを指します。つまり、かつての特殊教育には、目が不自由な児童・生徒には「盲学校」、耳が不自由な児童・生徒には「ろう学校」、知的発達に遅れがある児童・生徒には「知的障害養護学校」、体が不自由な児童・生徒には「肢体不自由養護学校」、病弱である児童・生徒には「病弱養護学校」がありました。

また、地域の通常の学校には、障害が軽度である児童・生徒を対象に「特殊学級」が設置されているところもありました。

これらのうち、養護学校が義務化されたのは1979年であり、そのときから、障害がどんなに重度であっても、すべての子どもたちが教育を受

◎特殊教育から特別支援教育へ◎

特殊教育 （2006年度まで）	●盲学校、ろう学校、養護学校（知的障害・肢体不自由・病弱） ●特殊学級（知的障害、肢体不自由、病弱・虚弱、弱視、難聴、言語障害、情緒障害） ●通級指導教室（言語障害、情緒障害、弱視、難聴、肢体不自由、病弱・身体虚弱） ※学習障害、注意欠陥多動性障害、自閉症は、2006年度より

特別支援教育 （2007年度より）	■特別支援学校（障害種を超えた総合的センター的機能） ■特別支援学級（知的障害、肢体不自由、病弱・虚弱、弱視、難聴、言語障害、情緒障害） ■通級指導教室（言語障害、情緒障害、弱視、難聴、肢体不自由、病弱・身体虚弱、学習障害、注意欠陥多動性障害、自閉症） ■通常学級における支援・配慮

ける権利を有しました。つまり、養護学校義務化から今までの特殊教育の歴史は、まだ40年もありません。

　その後、1993年に「通級による指導」というものが制度化されました。この制度では、対象とする児童・生徒は、各教科の授業は主に通常学級において受けながら、心身の障害の状態等に応じた特別の指導を特別な場で受けるものとし、その障害の対象は、言語障害の大部分、難聴や弱視の大半、情緒障害の一部、肢体不自由、病弱・虚弱の一部でした。そして、2006年には、LD（学習障害）、ADHD（注意欠陥多動性障害）、自閉症が新たに加わりました。

1-3 発達障害は最近増えているのか?

必要な人が増えれば新しい制度が検討され、新しい制度ができれば、それを利用する人の数も増えることになります。

🍀 2007年度から特別支援教育が本格実施

　「通級による指導」の制度化は、全般的な知的発達には遅れはないが、部分的な知的発達に遅れや偏りが見られる「LD（学習障害）」がある児童・生徒の教育支援の前提になるものでした。

　文部省（当時）は、通級による指導の制度化のあと、1999年に「学習障害児に対する指導について（報告）」を発表し、学習障害の定義を定めました。2006年度より、通級による指導では学習障害・ADHD（注意欠陥多動性障害）を新たに対象とし、情緒障害（情緒の現われ方が偏っていたり、過度であったりする状態）と自閉症を分けてその対象としました。そして、2007年度より**特別支援教育**の本格実施がなされ、障害種別に分かれていた盲・ろう・養護学校を「**特別支援学校**」と一本化して地域のセンター的役割をもたせようとし、地域の通常学校内にある特殊学級は、「**特別支援学級**」となりました。

　さて、特別支援教育制度の本格実施がされた2007年度では、学齢児比2.01％の児童・生徒が、特別支援学校・特別支援学級・通級による指導等の特別な支援を利用していましたが、2014年度では、3.33％の子どもが特別な支援を利用しています（次ページ図表を参照）。

　これらからもわかるように、特別なニーズ（支援を必要とすること）があり、特別な支援を利用している児童・生徒数は増えています。もちろん、このような障害が増えてきたから制度が整備されたとも考えられますが、制度ができたからこそ発達障害の理解が広がり、その制度を利用する児童・生徒が増えてきたとも考えられます。

　そもそもLD（学習障害）の場合、「全般的な知的発達の遅れはない」というのが定義ですので、従来から通常学級で教育を受けていました。

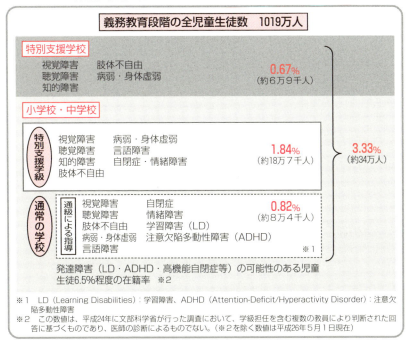

出典：内閣府「平成27年版障害者白書」より作成

　特別な配慮をしながら教育をしていこうとする考え方が一般的ではなかった当時、LDやADHDがいたかどうかはわかりませんが、昔にも漢字や計算が苦手な子ども、けんかっ早い子ども、忘れ物が多い子ども、友達と上手に付き合えない子どもがいたと思います。

　今は発達障害という新しい概念で子どもたちを見るようになってきており、その理解で支援することができるのではないでしょうか？　確かに、医療技術が発展して低出生体重の子どもたちの生存可能性が上がり、低出生体重児は発達においてさまざまなリスクがあることも事実でしょう。しかし、そうであればなおさら、発達障害が増えてきたからといって親や社会のせいと原因探しをするよりも、どんなニーズ（支援を必要とすること）があっても生まれてきたことを喜べる社会になることが大切だと思いますし、そのニーズに対して支援方法を考える社会のほうが素晴らしいと私は考えています。

1-4 発達障害の定義とは？

> 発達障害とは、発達期に発見される、発達の全般的な遅れや部分的な遅れ、偏りによる障害のことをいいます。

🍀 発達障害の範囲

そもそも発達障害とは、**発達期に診断される中枢神経系に何らかの機能障害があること**をいいます。したがって、従来から「知的障害」は発達障害の代表でしたし、先天的な「聴覚障害」や「視覚障害」、「脳性まひ」なども発達障害でした。

しかし近年では、発達障害者支援法の中で、「この法律において『発達障害』とは、自閉症、アスペルガー症候群その他の広汎性発達障害、学習障害、注意欠陥多動性障害その他これに類する脳機能の障害であってその症状が通常低年齢において発現するものとして政令で定めるものをいう」とされたため、発達障害は知的障害とは別の概念ととらえる人も増えてきています。

法律上は、知的障害・身体障害・精神障害のいずれにも当てはまらなかった「LD（学習障害）」や「ADHD（注意欠陥多動性障害）」などの障害を支援するために発達障害者支援法が制定され、あくまでも「この法律において」と限定されているはずですが、専門家ではない人たちにとっては区別が難しいところだと思います。したがって、書籍などでも「知的障害と発達障害」といったような表現も増えてしまっています。

また、かつては「軽度発達障害」という用語があり、これは知的障害の範疇には入らないけれども、発達に偏りや部分的な遅れがあることとして使っていました。

しかし近年では、障害のレベルは軽度かもしれないが、そのために就職などに関しても特別な配慮が少なかったりするため、困難さは決して軽度ではないという考え方から、「軽度発達障害」ということばを使うのは控えようという流れがあります。その結果、軽度発達障害が示して

◎発達障害者支援法における発達障害の定義◎

●発達障害者支援法第二条

1　この法律において「発達障害」とは、自閉症、アスペルガー症候群その他の広汎性発達障害、学習障害、注意欠陥多動性障害その他これに類する脳機能の障害であってその症状が通常低年齢において発現するものとして政令で定めるものをいう。

2　この法律において「発達障害者」とは、発達障害がある者であって発達障害及び社会的障壁により日常生活又は社会生活に制限を受けるものをいい、「発達障害児」とは、発達障害者のうち十八歳未満のものをいう。

3　この法律において「社会的障壁」とは、発達障害がある者にとって日常生活又は社会生活を営む上で障壁となるような社会における事物、制度、慣行、観念その他一切のものをいう。

4　この法律において「発達支援」とは、発達障害者に対し、その心理機能の適正な発達を支援し、及び円滑な社会生活を促進するため行う個々の発達障害者の特性に対応した医療的、福祉的及び教育的援助をいう。

●発達障害者支援法施行令（平成17年4月1日 政令第150号）（抄）

　第1条　発達障害者支援法（以下「法」という。）第2条第1項の政令で定める障害は、脳機能の障害であってその症状が通常低年齢において発現するもののうち、言語の障害、協調運動の障害その他厚生労働省令で定める障害とする。

●発達障害者支援法施行規則（平成17年4月1日 厚生労働省令第81号）（抄）

　発達障害者支援法施行令第1条の厚生労働省令で定める障害は、心理的発達の障害並びに行動及び情緒の障害（自閉症、アスペルガー症候群その他の広汎性発達障害、学習障害、注意欠陥多動性障害、言語の障害及び協調運動の障害を除く。）とする。

※なお、心理的発達の障害は、ICD10（WHOの国際疾病分類第10版）の心理的発達の障害F80-89を指していると考えられており、ICD10では、知的障害は、F70-79に割り当てられている。また、知的障害の定義に大きな役割を担ってきたアメリカ知的発達障害協会（AAIDD）は、知的障害と発達障害の違いについて、知的障害は、発達障害の一部分であると答えている。

いた、LD（学習障害）やADHD、高機能自閉症、アスペルガー症候群などを「発達障害」と呼ぶようになったと考えられます。

1-5 発達とは？

> 従来の発達は18歳から20歳ぐらいまでを指していましたが、今は生涯発達の視点が重要です。

🍀 発達観は変化してきた

　では、発達障害における「発達」とは何を指すのでしょうか？　従来の発達観は、18歳から20歳ぐらいまでを指していました。それは、身長の高さなどが20歳前後で止まるなど、目に見える成長のことを発達と考えていたからでしょう。

　しかし、検診などによって目に見えやすい発達──、たとえば身長や体重、「いつ首が座り、おすわり・ハイハイができ、歩けたり走れるようになり、50mを何秒で走れるようになったか」という運動発達などだけではなく、近年では脳認知科学の発展によって、かつては目に見えなかったけれども、道具を使って見えるようになってきた「語彙の数や計算力、理解力」などの**「知能・認知発達」**に着目するようになってきました。

🍀 生涯発達の考え方

　知能・認知発達を測るテストとしては、田中ビネー式知能検査や、WISC-Ⅳといったウエックスラー式知能検査、K-ABCやDN-CASといったものが挙げられます。

　このように、直接目には見えないものもテストを使って見えるようになると、発達観も変わってきます。

　知能・認知発達面においても、10代後半や20代前半のほうが記憶力や計算力は高いと考えられており、それらは**「流動性知能」**と呼ばれます。しかし、語彙の数や覚えている漢字の量、推理・判断力などは決して若い人のほうが多いわけではなく、年齢を経ることによって高まっていくものは**「結晶性知能」**と呼ばれています。

◎発達とは◎

- **身体発達**（身長、体重など）

- **運動発達**（歩く、走る、跳ぶ、泳ぐ、投げるなど）

- **言語発達**（語彙、表現、理解、読み書きなど）

- **認知発達**（継次処理*1、同時処理*2、プランニング*3、注意*4、流動性知能、結晶性知能など）

- **社会性の発達**（ルール理解、集団行動、マナー、リーダーシップなど）

など

→ 10代、20代前半でピークを迎えるものがあれば、年齢にともなって発達していくものもある。

*1　継次処理（系列的順序で刺激を統合するプロセス）
*2　同時処理（分割された刺激をグループにしてまとめるプロセス）
*3　プランニング（問題解決の方法を選択や評価するプロセス）
*4　注意（特定の刺激に対して選択的に注意を向けるプロセス）

　つまり、人間の発達は10代後半や20代前半で止まるものではなく、成人期にも発達していくのだと考え、また、老衰も発達であると考える「**生涯発達**」の考え方が、発達心理学では一般的になってきました。
　発達期というのが一生涯であれば、発達障害の発達期に発症、もしくは発見されるという定義は、何も限定していないことになってしまいます。このように概念というのは、日々変わっていくものなのです。

1-6 その子なりの発達を見る

発達が遅いとは、同年齢の平均と比べて遅いという相対的な評価です。個人の発達をしっかり見ていくことが大切です。

🍀 発達のとらえ方が変われば障害観も変わる

　脳認知科学の発展により、認知発達を測るさまざまなテストが開発された結果、さまざまな観点から、人の発達をアセスメント（単なる障害や問題のみを検査するのではなく、得意な部分もふくめた総合的な評価のこと）することができるようになり、「ある部分では平均より早いが、ある部分は平均より遅い」といった見方がされるようになりました。そして、従来は障害だとされなかったものが、新しく障害としてとらえられるようになりました。これは、細菌やウイルスの発見によって、医療が急激に進歩してきたことに似ていると思います。

　また、18歳や20歳までが発達の頂点とした発達観で考えると、それまでに字やことばを覚えられなかったりすれば、一生覚えられないようなネガティブな印象を生じさせます。

　しかし、前項で記したように、語彙や漢字は経験に比例して高まっていく結晶性知能と考えれば、平均的な発達と比べれば遅かったり、敏感期・感受性期（従来は「臨界期」と呼んでおり、発達の系列性・順序性において、課題を達成するのに効率的な時期）と呼ばれるものがあるのかもしれませんが、自分なりのペースで学んでいくことが重要ではないかと考えられます。

　そもそも、発達障害の診断基準とされる知能・認知検査は、同年齢の平均を標準得点100として計算しており、あくまでもその時代の、同年齢群の中で、自分がどの位置にいるかという相対的な基準を表わす偏差値と同様のものです。背の高さがいつもクラスで前のほうでも、小学校1年生時よりも小学校3年時では背が伸びているのと同じように、認知発達も少なからずしていくと考えられます。

◎国際障害分類と国際生活機能分類◎

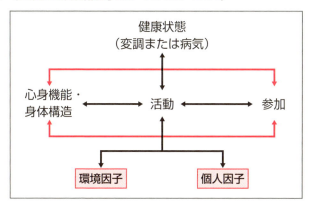

■ICIDH（国際障害分類、WHO、1980）

Impairment　→　Disability　→　Handicap
機能障害　　　　能力障害　　　　社会的不利

　手足の切断や視覚障害・聴覚障害は、Impairment（障害：治癒困難[著者意訳]）が明らかです。しかし、学習障害（Learning Disabilities）、発達障害（Developmental Disabilities）などは、Disabilities（障害：能力の問題[著者意訳]）であり、能力の個人差によって測られているものです。
　なお、Handicapは、原語がhand in capで帽子の中に手を入れてやり取りを行なっていたことを意味していました。そこで、Handicapということばが見直されるようになりました。

■ICF（国際生活機能分類、WHO、2001）

　障害がある人だけのモデルだったICIDHは、ポジティブな語に変更することで、障害の有無に関わらないユニバーサルデザインモデルに変更され、双方向性と個人因子だけではなく、環境因子も明記されました。

出典：厚生労働省HP（http://www.mhlw.go.jp/houdou/2002/08/h0805-1.html）をもとに作成

第1章　発達障害とは何か？

　同じ障害と呼んでいても、手足を切断して手足の機能を損なっていたり、失明して視力を失った状態である身体障害とは意味が異なるのです。
　発達が同年齢の平均と比べて遅かったり、部分的に困難さがあったりする子どもたちに対しては、同年齢の子どもたちと比べるだけではなく、その子なりの発達を見ていくことが重要です。

1-7 発達障害の特徴①
学習面・行動面に困難がある場合

> 学習面に困難がある場合はLD（学習障害）に対する支援が有効で、行動面に困難がある場合はADHD（注意欠如多動症）に対する支援が有効です。

　学校場面や職場場面、生活場面において、子どもたちに限らず、大人もさまざまな困難さに出会います。たとえば、パソコンの操作、割り勘・為替の計算が苦手だったり、約束した期日までに間に合わなくて同僚や顧客に迷惑をかけてしまったり、おっちょこちょいで忘れ物が多かったり、すぐにイライラしてしまったりなどです。

　しかし、困難さがあったり、できないことがあったとしても、それをすぐに障害だと思う必要はないと思います。その人なりの認知発達の特徴をつかんで、上手に工夫ができれば、生活はより楽しいものとなるでしょう。

🍀 学習面の困難さ

　そもそも人間には得意なことと不得意なことがあり、高校生にもなれば、文系と理系に分かれるのは一般的だと思います。また、漢字を読むのは得意だけど書くのは苦手だったり、英語は読めば理解できるけれどリスニングは苦手だったりということは誰でもあると思います。

　このように、全般的な知的発達の遅れはないが、学習面で得意なことと苦手なことの差が特に大きく、学校において大きな困難さがある場合は、LD（学習障害）に対する支援が有効です。**苦手な部分もあるけれど、得意なところもある**というのがLDの最大の特徴です。

🍀 行動上の困難さ

　学習面だけに限らず、給食や掃除、登下校の時間などで行動上の問題を抱えている場合は、ADHD（注意欠如多動症［注意欠陥多動性障害の新しい呼び方］）に対する支援が有効です。

　ADHDの特徴は、**不注意、衝動性、多動性**が見られることです。「不

◎「学習面の困難さ」の例◎

聞くこと	先生の話を最後まで聞き、指示に従うことが苦手　など
話すこと	自分の考えを表現することが苦手。話の順番を考えて話すことが苦手　など
読むこと	ひらがな、カタカナ、学年相応の漢字を読むことが苦手。文章を理解することが苦手　など
書くこと	ひらがな、カタカナ、学年相応の漢字を書くことが苦手。作文・文章を書くことが苦手　など
計算すること	足し算、引き算、かけ算、割り算が苦手。筆算をすることが苦手　など
推論すること	他人の気持ちになって考えることが苦手。過去をさかのぼったり、未来を予測することが苦手　など

◎「行動上の困難さ」の例◎

不注意	必要な物を著しく忘れてしまう。先生の指示を最後まで聞くことができず著しく間違いをしてしまう　など
衝動性	順番を待つことが著しく苦手。他人の会話を著しく邪魔してしまう　など
多動性	手遊びを著しくしてしまう。著しく離席してしまう　など

注意」とは、忘れ物が多かったり、おっちょこちょいでよく物を壊したり、ぶつけてしまったりすることなど、「衝動性」とは、思い立ったことをすぐ行動に移したり、すぐカッとなってけんかをしてしまったりすること、「多動性」とは、授業中や全校集会、行事などで落ち着いて先生の話を聞けずに、手遊びや立ち歩いてしまったりする行動がよく見られることです。

1-8 発達障害の特徴②
社会性に困難、全般的な発達に遅れがある場合

> 社会性に困難がある場合は自閉スペクトラム症に関する支援が有効です。
> 全般的な発達に遅れがある場合は発達年齢に合わせた課題が有効です。

🍀 社会性面の困難さ

友人関係や対人関係において困難さがある場合、「**自閉スペクトラム症**」といわれる人たちに対する支援が有効です。

自閉スペクトラム症は、単純な記憶（数字の羅列、形など）は得意なこともありますが、その一方であいまいなことを理解するのが苦手です。また、目に見えない概念を推測したり、イメージしたりすることが苦手なので、時間概念や抽象概念などの理解も苦手です。

ルールに関しては、複雑なルールの理解が難しかったり、その逆でルールに強くこだわってしまうので、人を許したりすることに困難があったりして、社会性面での困難さを生じます。しかし理解したことに関しては、とても素晴らしい記憶力があったりします。

🍀 全般的な発達の遅れ

学習障害とは異なり全般的に発達が緩やかで、知能指数（IQ）が70以下であると、「**知的障害**」と呼ばれます。知的障害の場合は、その子どもの発達年齢に合わせた課題を用意していくことが有効です。

知的障害がある子どもたちは、特にことばの発達が遅れたり、「短期記憶」（短時間に一度に覚えられる記憶）が苦手といわれますが、経験したことや体験したことを長期間覚えておく「長期記憶」はそれほど障害されていないといわれます。したがって、ことばで説明したり机上の学習よりも、体験学習をしていく中で、ことばや認知発達を促していくことが大事だと考えられます。

◎社会性の困難◎

ルール理解	暗黙のルールや、目に見えにくいルールを理解するのは苦手なことが多く、悪気はないのに集団の和を乱し、他人とのトラブルにあいます。 （たとえば、サッカーのオフサイドや、トランプの遊び方、ルールなど）
他者理解	自分の気持ちを考えるのも難しいことですが、他人の気持ちを推測することはとても難しく、冗談を本気にしてしまったり、お世辞や比喩、嫌味を理解するのが難しいためトラブルになったりします。

◎全般的な発達の遅れへの対応◎

　発達に偏りがあるといわれている子どもは、たとえば小学校3年生でも漢字の学習は小学校2年生程度、算数は小学校4年生程度に発達しているという場合があり、全体の課題設定が難しいことがあります。一方、全般的に遅れているといわれる場合は、実学年ではなく、学年を下げた課題の設定がしやすい場合があります。

🍀 障害種別の枠にとらわれないで

　発達障害の場合、障害名は操作的定義（概念等を共通理解できるように言語で明確に定義すること）で表わされています。アメリカ精神医学会の診断と統計マニュアルである「DSM」は、操作的定義によって疾病率を示すマニュアルです。また、世界保健機構のICD（国際疾病分類）は、あくまでも分類のマニュアルになります。

　つまり診断名は、その子どもたちのためというよりも、政府や行政、研究者のための定義や分類ですので、必ずしも目の前の子どもがそれらの定義に当てはまるわけではありません。むしろ目の前の子どもは、程度の差こそあれ、LDやADHD、自閉スペクトラム症の特徴をそれぞれもっている場合が多いと思います。

Disabilityは「障害」か？

　"Disability" は、日本語では「障害」と訳されています。たとえば、2014年1月に批准した "Convention on the Rights of Persons with Disabilities" は、「障害者の権利に関する条約」と訳されています。

　日本の制度では、障害を「知的障害・身体障害・精神障害」の3種類に分けています。

　しかし、1-6で述べたように、英語では「視覚障害・聴覚障害・肢体不自由」のことを "Impairment"（損傷［著者訳］）といいますが、知的障害などをふくむ「発達障害」は、"Disability"（能力困難［著者訳］）や "Disorder"（機能不全［著者訳］）と呼ばれたりしています。これらを同じ「障害」と考えることはできるのでしょうか？

　WHO（世界保健機構）では、"Disability" の定義を "Impairment" や活動の制限、社会参加の制限をふくむ概念であると述べています（http://www.who.int/topics/disabilities/en/）。

　つまり、"Disability" とは、心身機能や身体構造の問題だけではなく、学習上などの困難に対する支援や、就学・就労などの社会参加をしていくための支援の必要性をふくむ概念だといえます。つまり、誰もが"Disability" と無縁とはいえないのです。

　また、日本語の「障害」という言葉には、「もう治らないもの」というイメージが強いと思いますが、"Disability" には「できないこと」といった、もう少し身近なニュアンスもふくまれています。その点をふまえると、たとえば、ピアノや絵、パソコンが苦手だったりするのも、"Disability" として考えることができるのではないでしょうか？

　したがって、"Disability" を「障害」と訳すことを見直すか、「障害」という用語をひらがなの表記に変更するだけではなく、もっとポジティブな意味をもつイメージ（用語）に変えていくことが必要なのかもしれません。

第2章

自閉スペクトラム症とは何か？

2-1 自閉スペクトラム症（ASD）の特徴

> 自閉スペクトラム症の特徴は、社会的コミュニケーションの発達の遅れ、こだわり・常同行動です。

　自閉症は、昔は、親の育て方のせいや、悲しかったりつらい経験をしたことで自ら閉じこもってしまったり、ひきこもってしまったりするなどの情緒的な問題としてとらえられた時代もありました。現在では、そのような後天的な影響ではなく、**先天的な脳認知機能の発達の遅れや偏りである発達障害の1つとして、社会性の発達の遅れが中心になっている**障害と考えられています。

　かつて、自閉症の8割は知的障害の範疇にあると考えられましたが、近年では、知的障害の範疇ではない自閉症のことを「**高機能自閉症**」と呼んだり、ことばの発達には遅れがないように見える自閉症のことを「**アスペルガー障害**」と呼んだりしていました。そのように自閉症を中心として、アスペルガー障害や小児期崩壊性障害をふくめた概念として「**広汎性発達障害**」と呼んでいました。広汎性発達障害は、知的障害のあるものからないものまで広がる概念であり、特別支援学校が対象の子どもから、通常学級に在籍している子どももいます。

♣ 自閉スペクトラム症とは？

　アメリカ精神医学会は、2013年に公開した「診断・統計マニュアル第5版（DSM-5）」で、主に広汎性発達障害と表現されていたものを「**自閉スペクトラム症**（Autism Spectrum Disorders：ASD）」に変更しました。広汎性発達障害よりもよりスペクトラム（虹の色など区切るのが難しい連続体のこと）を意識づけていると考えられます。

　自閉スペクトラム症は、「持続する相互的な社会的コミュニケーションや対人的相互反応の障害（基準A）、および限定された反復的な行動・興味、または活動の様式で（基準B）、これらの症状は幼児期早期から認められ、日々の活動を制限するか障害する（基準CとD）」とされて

◎自閉スペクトラム症 / 自閉症スペクトラム障害の診断基準◎

A. 複数の状況で社会的コミュニケーションおよび対人相互反応における持続的な欠陥があり、現時点または病歴によって、以下により明らかになる（以下の例は一例であり、網羅したものではない；本文参照）。
　(1) 相互の対人的-情緒的関係の欠落で、例えば、対人的に異常な近づき方や通常の会話のやりとりのできないことといったものから、興味、情動、または感情を共有することの少なさ、社会的相互反応を開始したり応じたりすることができないことに及ぶ。
　(2) 対人的相互反応で非言語的コミュニケーション行動を用いることの欠陥、例えば、まとまりのわるい言語的、非言語的コミュニケーションから、アイコンタクトと身振りの異常、または身振りの理解やその使用の欠陥、顔の表情や非言語的コミュニケーションの完全な欠如に及ぶ。
　(3) 人間関係を発展させ、維持し、それを理解することの欠陥で、例えば、さまざまな社会的状況に合った行動に調整することの困難さから、想像上の遊びを他者と一緒にしたり友人を作ることの困難さ、または仲間に対する興味の欠如に及ぶ。

B. 行動、興味、または活動の限定された反復的な様式で、現在また病歴によって、以下の少なくとも2つにより明らかになる（以下の例は一例であり、網羅したものではない；本文参照）。
　(1) 常同的または反復的な身体の運動、物の使用、または会話（例：おもちゃを一列に並べたり物を叩いたりするなどの単調な常同運動、反響言語、独特な言い回し）。
　(2) 同一性への固執、習慣への頑ななこだわり、または言語的、非言語的な儀式的行動様式（例：小さな変化に対する極度の苦痛、移行することの困難さ、柔軟性に欠ける思考様式、儀式のようなあいさつの習慣、毎日同じ道順をたどったり、同じ食物を食べたりすることへの要求）。
　(3) 強度または対象において異常なほど、極めて限定され執着する興味（例：一般的ではない対象への強い愛着または没頭、過度に限局したまたは固執した興味）。
　(4) 感覚刺激に対する過敏さまたは鈍感さ、または環境の感覚的側面に対する並外れた興味（例：痛みや体温に無関心のように見える、特定の音または触感に逆の反応をする、対象を過度に嗅いだり触れたりする、光または動きを見ることに熱中する）。

C. 症状は発達早期に存在していなければならない（しかし社会的要求が能力の限界を超えるまでは症状は完全に明らかにならないかもしれないし、その後の生活で学んだ対応の仕方によって隠されている場合もある）。

D. その症状は、社会的、職業的、または他の重要な領域における現在の機能に臨床的に意味のある障害を引き起こしている。

E. これらの障害は、知的能力障害（知的発達症）または全般的発達遅延ではうまく説明されない。知的能力障害と自閉スペクトラム症はしばしば同時に起こり、自閉スペクトラム症と知的能力障害の併存の診断を下すためには、社会的コミュニケーションが全般的な発達の水準から期待されるものより下回っていなければならない。

注：DSM-Ⅳで自閉性障害、アスペルガー障害、または特定不能の広汎性発達障害の診断が十分確定しているものには、自閉スペクトラム症の診断が下される。社会的コミュニケーションの著しい欠陥を認めるが、それ以外は自閉スペクトラム症の診断基準を満たさないものは、社会的（語用論的）コミュニケーション症として評価されるべきである。

出典：日本精神神経学会（日本語版用語監修）, 髙橋 三郎・大野 裕（監訳）：DSM-5精神疾患の診断・統計マニュアル．p.49-50, 医学書院, 2014

います。これらの特徴以外にも、感覚・知覚過敏といわれる特徴も指摘されています。たとえば、体を触られたくないので抱っこが嫌いな子や、砂遊びが嫌いな子、味覚が鋭くて偏食が激しかったり、聴覚が過敏で大人が気にならない音を嫌がる子などもいます。

2-2 社会性の発達① ことばの発達と一人遊び

ことばの発達において重要だと考えられる共同注視が見られなかったり、逆に、一人遊びがよく見られます。

🍀 共同注視の意味

　自閉スペクトラム症の子どもの社会性の発達の遅れは、赤ちゃんのときから見られたりします。

　なかなか母親と目を合わせなかったり、指差しをしなかったり、「**共同注視**」と呼ばれる、母親など他者と共通したものを見るなどの認知発達が遅れたりすることが指摘されています。

　この共同注視は、現在、ことばの発達においてとても重要であると考えられています。自閉スペクトラム症の子どもたちの多くは共同注視が苦手だったりするので、ことばの発達が遅れるとも考えられます。

　この頃は、赤ちゃんが母親を呼ぶなどの要求も少なかったりするため、「おとなしくて育てやすかった」と言われるお母さんもいらっしゃいますが、逆に、「ちょっとしたことでもかんしゃくを起こして泣き叫ぶことが多かった」と言われるお母さんもいます。

🍀 感覚遊びや一人遊びが見られる

　平均的な発達の子どもは、「**共同注意（ジョイントアテンション：共同注視をふくむ、注意の共有）**」を獲得したあと、言語発達を進めていく中で、大人の教示を理解したりして、大人と遊ぶことができるようになります。

　また、大人の介入を通しながら、同年齢の子どもたちとも遊ぶようになり、周りの大人から行なってよいことを学習していきます。

　それに対して、ことばの発達がゆっくりである自閉スペクトラム症の子どもたちは、大人や子どもたちと一緒に遊ぶことを学習するよりも、キラキラ光るものをずっと眺めていたり、クーラーの室外機のようにク

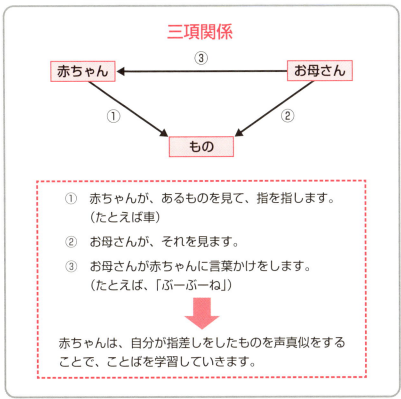

ルクル定期的に回るものをずっと眺めていたりする「感覚遊び（主に感覚を刺激する遊び）」の段階にいたり、ミニカーや積み木などを並べて遊ぶなど、「一人遊び」が見られることが多いといわれます。

　また、他人にあまり関心がなく、模倣が苦手な場合もあります。幼稚園や保育園に入園したあとも、物の貸し借りや順番といったルールの理解が難しいため、同年代の友達と一緒に遊ぶというのが困難なことがあります。

2-3 社会性の発達②
小学校での遊び

小学校ではルールの理解が社会性の発達に必要になりますが、それが困難なためにより社会性の発達を妨げられてしまうことがあります。

🍀 小学校における遊びの特徴

　平均的な発達の子どもは、小学校1・2年生の低学年では、保護者の介入で同年齢の子どもたちと遊ぶと考えられます。そして3・4年生になると、男の子は男の子同士、女の子は女の子同士で遊ぶようになります。これを逆に考えれば、大人が遊びに介入してくることを拒否し始める年齢ともいえます。

　5・6年生になれば、抽象概念の発達が見られ、複雑なルールも理解できるようになっていきます。そのため、野球やサッカーなどのスポーツにも関心を示したり、トランプなども、ルールが比較的単純なババ抜きや七並べなどから、ポーカーやブラックジャック、大富豪など複雑なルールのゲームもできるようになります。

🍀 学校の先生や保護者の介入が必要

　一方、自閉スペクトラム症の子どもたちは、そもそも他の友達と遊ぶことに関心をもっていないこともあります。また、関心が出てきても、その子どものみで他の子どもたちと遊ぶのはなかなか難しく、学校の先生や保護者の介入を必要とします。

　そして、他の友達が複雑なルールを理解していくのに対して、複雑なルールを理解できない場合には、「ズルをしている」と責められたり、仲間に入れてもらえないこともあります。

　たとえば、サッカーでボールを持ってはいけないことや、バスケットボールでボールを持って3歩以上歩いてはいけなかったり、ダブルドリブルがいけないということを理解するのも難しかったりします。「何々がいけない」という指示は抽象的であり、イメージがしにくいという特

◎遊びの発達◎

年齢が上がるごとに複雑なルールを使って遊ぶようになります。

低学年 （小学校 1・2年生）	保護者や大人を介しながら、目で見てルールがわかりやすい遊びを好みます。 例：トランプでは、ババ抜き、七並べ、神経衰弱など
中学年 （小学校 3・4年生）	男の子は男の子同士、女の子は女の子同士で遊ぶようになります。 サッカーや野球などの集団スポーツや、トランプでは大富豪（大貧民）など、ルールが複雑な遊びを好みます。
高学年 （小学校 5・6年生）	より複雑なルール遊びが可能になります。 例：トランプのポーカーや麻雀など

　遊びは認知発達にともなって変化していくと考えられますが、その逆に遊びが認知発達を促していくとも考えられます。
　同じ学年だから一緒に遊べるというわけでもなく、興味・関心が似ているほうが仲良く遊べるとも考えられます。

徴があるからです。
　したがって、社会性の発達が遅れているので社会性の発達を促す機会が他人以上に必要なのに、その機会を逸してしまいがちであるという悪循環を生じていると考えられます。

2-4 社会性の発達③
中学生以降の特徴

中学生以降、社会性の発達の遅れはさまざまなトラブルのもとになります。適切に社会性を学習していくために、ソーシャルスキル・トレーニングが有効です。

🍀 暗黙の了解や空気を読むことが苦手

中学生以降では、「先輩・後輩」といった対人関係の理解が難しかったりします。

また、小学校以前では許されていたマナー違反（たとえば、食事はみんなが揃ってから食べ始めることや、公共の場で独り言を言ったり、太っている人に「太っていますね」と正直に言ってしまうことなど）も、徐々に社会的に許されなくなります。

学校では「校則や法律を守れ」と教えられますが、たとえば自動車運転における制限速度に関しては、時と場合によっては守られていないことも多く、そこでトラブルになることもあります。

このように、**暗黙の了解や空気を読むといったことが難しく、冗談や皮肉、比喩、慣用句などを理解するのも苦手で、文字通りに理解したり**します。

たとえば、「玄関を見てきて」と言われると、玄関の鍵を確認するのではなく、文字通り玄関を見てくるだけだったりします。しかし、このようなことは、誰しも最初は経験すると思います。ことわざの理解も、外国語であったら最初は文字通り理解しようとするでしょう。

たとえば、"The pot calls the kettle black." とあったときに、「鍋がやかんを黒いと呼ぶ」と訳しても意味がわからないですが、これは「五十歩百歩」という意味だそうです。

🍀 認知発達に合わせたソーシャルスキル・トレーニング

慣用句や皮肉、比喩、冗談などの理解は経験と学習によるものが大きいと考えると、平均的な発達をしている人たちは、自分の経験や他者の

◎中学生以降に求められること◎

- 部活動が本格的に始まり、「先輩・後輩」の関係で礼儀が必要になる。
- 校則など、ルールを守ることが重要視されるようになる。
- 社会人になる準備段階の存在として、マナーを守ることを要求されるようになる。

目に見えない抽象的なルールの理解を要求されるようになる

ソーシャルスキル・トレーニング（SST）とは？

　社会的な不適切な行動は、障害によるためと考えずに、ソーシャルスキルを適切に学習していなかったり、誤学習をしていることが原因と考え、不適切な行動を減らそうとするのではなく、適切な行動を学習していくために、トレーニングするという考え方。

　中学生以降ということではなく、早期から行なわれています。たとえば、「おはようございます」といったあいさつを、小集団でモデルの真似をしながら練習をします。

経験の話を聞くなどして学習をしていると考えられます。

　一方、自閉スペクトラム症の人たちは、それらのスキルを自然に学習したり、他人の話から学習することは苦手ですので、彼らの認知発達に合わせて、それらのスキルを学習していく機会をつくっていく「ソーシャルスキル・トレーニング」（上表を参照）が有効であると考えられます。

2-5 言語・コミュニケーションの発達①
話し方の特徴と類似概念の理解

> 自閉スペクトラム症の子どもたちは、特徴的な言語コミュニケーションの発達を見せます。

🍀 特徴的な言語コミュニケーションの発達

2-2で説明したように、自閉スペクトラム症と診断される子どもたちについては、「共同注視の獲得が遅れる」ことが指摘されています。その後、言語・コミュニケーションの発達は、**オウム返し（エコラリア）や抑揚のないしゃべり方など、特徴的である**といわれています。

かつては、不適切な行動としてオウム返しを減少させようとしてきたことがありますが、現在ではコミュニケーションの発達の一歩としてとらえ、減らそうとするのではなく、それを活かして機能化する（意味をもたせていく）アプローチもとられています。

これは、いきなり外国人に"How are you?"と聞かれたときに、本来なら"I am fine. Thank you."と答えるべきところを、"How are you?"とそのまま繰り返してしまうことがあるのと似ていると思います。悪気があるわけではなく、何か答えなければと思って、オウム返しをしてしまうのではないでしょうか？

また、抑揚のないしゃべり方に関しては、そもそも感情を表わすことがあまり得意ではないといったことや、ことばを演劇のセリフのように覚えているためとも考えられます。

🍀 類似概念の発達はゆるやか

自閉スペクトラム症の子どもたちの認知・概念発達では、**仲間探しなどの概念の理解が、平均に比べてゆっくりだ**という特徴があります。

たとえば、まぐろやかつおが同じ「魚」というカテゴリーであると理解することが苦手だったりするので、「まぐろとかつおがどんな点で似ているか」を聞いても、答えられなかったりします。

◎自閉スペクトラム症のことばの特徴◎

- オウム返し（エコラリア）
- セリフのように抑揚のないしゃべり方
- 限定されているが、非常に詳しい知識
- 辞書的な意味通りに理解してしまいがち
  （皮肉や比喩、冗談が苦手）

◎類似概念とは◎

　類似とは、似ている点であり、対義語は相違です。たとえば、まぐろとかつおの類似点は、両方とも魚であり、海で泳ぐ生物である点です。魚は、まぐろやかつおの抽象概念であり、逆にまぐろやかつおは、魚の具象概念（具体化したもの）です。

　自閉スペクトラム症など発達障害があるといわれる子どもたちの場合、類似概念の発達が遅れているといわれています。仲間探しや仲間はずれを見つける課題が難しかったりします。

　類似概念が発達すれば、応用問題において、今まで学習してきたこととの類似点を探せるようになり、活用することができます。

例．次のもののうち、仲間ではないものを答えなさい。

A. りんご　B. もも　C. みかん　D. ほうれん草

答えは、Dのほうれん草

　これを逆に考えると、類似点を探さないからこそ、細かい違いを指摘できたりするのかもしれません。たとえば、大人になるとスーパー戦隊モノの区別ができなくなり、「○○ジャー」はどれも同じように感じますが、子どもたちは上手に区別でき、その違いにこだわるということと似ています。

第2章　自閉スペクトラム症とは何か？

2-6 言語・コミュニケーションの発達②
抽象概念の理解

立ち位置で変化する相対的なことばや、抽象概念の理解が苦手です。

🍀 自閉スペクトラム症の子どもたちが苦手なこと

　自閉スペクトラム症と診断される子どもたちは、「こそあど言葉」（この、その、あの、どの等）や、「机の上や机の下、テレビの横」といった空間的な位置をことばで表わしたり、表わされたことを理解するのが苦手です。

　たとえば、「昨日、今日、明日」といったことばも、10月1日が今日であったら昨日は9月30日であり、明日は10月2日ですが、次の日になると、10月2日が今日であり、10月1日が昨日、10月3日が明日と、立ち位置によって使うことばは変わります。

　また、同じ漢字でも音読みと訓読みがある場合など、複数ルールの理解はとても苦手です。

　さらに、受動文の使用と理解も苦手であることが多く、主客関係に混乱を示します。たとえば、「僕が彼に殴られた」と言うべきところを、「僕が彼を殴った」と表現してしまい、誤解を受けることもあります。

🍀 抽象概念とは？

　抽象概念とは、具象概念（具体化したもの）の対義語であり、具体的に表わすことが難しく、ことばで定義していかないと相手に伝わらない概念です。

　抽象概念の理解は、平均的な発達では小学校3年生ぐらいから始まると考えられています。たとえば、「自閉スペクトラム症」という用語も抽象概念ですから、平均的な小学校1・2年生にとっては理解が難しいです。

　特にきょうだいに多いですが、だいたい小学校3年生ぐらいから、「自

◎相対的なことば◎

机の上　　　　　　机の下

問題：明日の2日前は？
答え：昨日

　○日前、○日後というのが、具体的にわからない場合があります。しかし、「2016年の4月1日の2日前は何日ですか？」という問題は、カレンダーを想像しながら答えることができる場合があります。

太郎くんが二郎くんを殴った。

二郎くんは太郎くんに殴られた。

　私たちが英語に訳すときによく間違えてしまうように、主語がどちらかを間違えてしまうと、相手に正しく伝わりません。

閉症って何？」とか、「どうしてお兄ちゃんは特別支援学校に行っているの？」といった質問をするようになります。逆に、障害がある人のことを特別視し始めるのもこの年齢ぐらいからだと考えられています。

2-7 言語・コミュニケーションの発達③
具体的に、わかりやすく伝える

抽象概念の理解が苦手ならば、具体的でわかりやすい指示や絵や写真などで伝えることも有効です。

♣ 抽象概念の理解が苦手

　自閉スペクトラム症の子どもたちは、抽象概念の理解がとても苦手です。学校でよく聞かれる「廊下は走らない」という指示を、理解することが難しい子どもたちもいます。

　これは、大人でも「廊下を走らない絵」を描くことが難しく、たとえ描けたとしても、廊下を走る絵にバツ印をつけるぐらいだからです。それと同様に、自閉スペクトラム症の子どもたちは、「廊下を走らない」と口頭で指示を受けても、廊下を走らないということをなかなかイメージしにくく、「廊下を走らない」と言われれば、「廊下を走る」ことを逆にイメージしてしまうのではないかと考えられます。

　そこで、自閉スペクトラム症の子どもたちに対しては、**具体的でわかりやすい指示が大切**だと考えられています。「廊下を走らない」ではなく、「廊下を歩きましょう」という指示であれば、「廊下を歩く絵」を描くことができたり、「廊下を歩く」ことをイメージしやすいと思います。

　また、学校では「廊下を走らない」ことを指導目標とすると、「廊下を走っている」ときに叱るという指導方法になりますが、「廊下を歩きましょう」という指導目標であれば、「廊下を歩いている」ときにほめることができます。

　ほめることの教育効果はよく指摘されていますが、闇雲にほめることが大切なのではなく、ほめるポイントを明確にしておくことが、指導計画では重要な要素になると思います。

♣ 絵カードや写真によるコミュニケーション

　また、自閉スペクトラム症がある子どもに対しては、**絵カード**（廊下

◎イメージしやすい指示をする◎

廊下を走る絵　　　　　廊下を走らない絵

廊下を歩く絵

　イメージできないことをことばだけで指示されても、行動に移すことは難しいものです。
　一方、イメージできることを行動に移すほうが簡単なので、指示はわかりやすく、イメージしやすい絵や写真やモデルを用いることが大切です。また、正しい行動に対しては、ほめたり認めたりするなどのポジティブなフィードバックがとても重要です。

を歩く絵などをカードにしたもの）や写真によるコミュニケーションの**有効性**が近年よく指摘されています。
　これは、自閉スペクトラム症の子どもたちは、聴覚コミュニケーションよりも視覚コミュニケーションのほうが得意という特徴があるからですが、絵カードだと、具体的で明確な指示で理解がしやすいからだと考えられます。

2-8 言語・コミュニケーションの発達④
時系列の理解

> 大人の教示を理解するためには、大人と同じような時系列の発達が必要なときがあります。

🍀 言語によって時系列を理解できる

　未来・過去・現在といった「時系列」の理解においても、言語の発達は大きな役割を果たします。

　これは、言語を獲得していないと考えられる動物が、未来に向けて行動する（たとえば、明日の分としてエサを残しておく）ことが難しかったり、日本人が英語の現在完了形の使い方が苦手であったりすることからも推測できると思います。また、1日は24時間であり、1年間は365日ということも言語による知識ですし、自分の年齢がいくつかということも、自分が生まれたときからそれを数えているわけではないので、言語によって年齢というのも理解できるものと考えられます。

　したがって、ことばの発達が遅れる自閉スペクトラム症の子どもたちは、**時系列の処理の発達も遅れると考えられます**。その結果、過去の記憶をあたかも今起こったことのように感じてしまい、極度の不安に陥ることもありますし、未来の見立て（予測を立てること）を自分で考えることも苦手なので、その不安を落ち着かせるスキルの獲得（身につけること）も遅れると考えられます。

🍀 具体的な指示が理解しやすい理由

　また、日常でよく使われると思いますが、「ここまでやったらおやつにするよ」といった教示の場合、「ここまでやったら」という仮定法が理解できずに、後半の「おやつにするよ」といった部分だけが理解できたとしたら、子どもの頭の中は「おやつ」のことでいっぱいになり、課題を止めてしまうときがあります。

　このような場合、子どもの障害が原因なのではなく、大人側の子ども

◎絵カード等で明示する◎

　低学年の子どもが具体的にイメージできるのは、今、現在のみです。したがって、時系列をイメージさせるためには、視覚的に伝えていくことが大事です。

例：「ここまでやったら、おやつにするよ」という言語指示だけではなく、

と視覚的に表わすと、イメージがしやすくなり、課題に集中しやすくなります。

　幼児は、近い未来をイメージするのも難しいため、「車に乗る前にトイレに行きなさい」という指示があっても、「トイレに行かない」と答えるけれど、15分後に車中で「トイレに行きたい」と言うときがあります。未来を予測して行動できるようになると、身辺自立も高まります。

の認知・言語発達に配慮していない教示が原因となるときも多々あります。仮定法ではなく、絵カード等で課題の順番を明示すると、子どもたちも理解しやすいと考えられます。

　この仮定法の獲得は、スポーツなどのルール理解にも影響を与えていきますので、社会性の発達とも深い結び付きがあると考えられます。

2-9 こだわり・常同行動とは?

> こだわり・常同行動に対しては、言語・コミュニケーションの発達や認知発達などの発達的視点が必要です。

🍀 こだわり・常同行動の例

　自閉スペクトラム症の特徴として、「こだわり・常同行動」が挙げられています。

　常同行動とは、ミニカーや積み木などをそのおもちゃの機能とは別に並べて遊ぶことをひたすら続けたり、クーラーの室外機や扇風機、タイヤなど回っているものを長時間見て過ごしたり、通学路は必ず同じ道を通り、通らないとかんしゃくを起こしたり、同じ色柄の洋服を着ると安心したり、感覚遊び（主に感覚を刺激する遊び）に執着しているといった、**ある行動を常に繰り返していることを意味します。**

🍀 こだわり・常同行動は変化していくことが多い

　これまで説明してきた①社会性の発達の遅れと、②言語・コミュニケーションの発達の遅れとの関係はとても深いものです。

　社会性の発達が遅れれば、言語・コミュニケーションの発達も遅れますし、言語・コミュニケーションの発達が遅れれば、抽象概念やルール理解の発達にも影響が出るので、社会性の発達に影響が出てくると考えられます。

　そして、①社会性の発達の遅れと②言語・コミュニケーションの発達の遅れは、自閉スペクトラム症だけではなく、聴覚障害や知的障害などでも起こり得ると考えられています。そこで、この「こだわり・常同行動」が、自閉スペクトラム症の最大の特徴であるという考え方もあります。

　しかし、これらのこだわりや常同行動は、1つのものが永遠に続くわけではなく、ことばや認知・概念の発達によって、そのこだわりや常同

◎こだわりの意味◎

> 　人間は、新しいイメージがわかないと、過去に学習したパターンを繰り返しやすくなります。
>
> 　海外に行ったときに、せっかくの食事であればいろいろなものを食べたほうがいいのに、旅の後半で疲れてくると、新しい食べ物にチャレンジするよりも、その前に食べておいしかった食堂を選びがちです。
>
> 　チャレンジしないことを「こだわり」と呼ぶのであれば、自閉スペクトラム症の子どもたちは、イメージ力の発達から今までの行動を繰り返したり、「こだわり」が強いといわれるのかもしれません。
>
> 　ミニカーや積み木などを並べて遊んだり、エアコンの室外機や扇風機、タイヤなど回っているものを長時間見て遊んでいるのも、こだわりが強いのではなく、感覚遊びから次の遊びに発達していないだけかもしれません。

行動が変化していくことが多くあります。

　つまり、こだわり・常同行動が変化していけば、社会性の発達にも影響が出てきますし、言語・コミュニケーションの発達が進めば認知概念の発達も変わっていくので、こだわり・常同行動の対象が変わったり、少なくなったりします。したがって、こだわり・常同行動にも発達的視点が重要になります。

2-10 こだわりへの対応
——偏食指導から

> こだわりを減らそうとするのではなく、こだわらなくても大丈夫という学習を広げていくことが大切です。

🍀 日本人にも変なこだわりがある？

　自閉スペクトラム症の子どもたちが、タイヤや扇風機が回っているところをじっと見ていることを奇異に感じる方もいて、それらを回っているものへのこだわりととらえることがあります。

　しかし、私たちの生活の中でも、自分だけがこだわっていて、周りの人からは変な目で見られているものは、意外に多いのではないでしょうか？

　たとえば日本人は、自分専用の茶碗や箸があり、それを他人に使われたり、他人の箸を使うときには何だか気持ちが悪いときがあると思います。しかし、カレーを食べるときに使う洋食器やフォーク、スプーンなどは家族共用のものであり、洗ってあれば、それを使うのは平気だったりします。

　これは、外国人から見れば、日本人には変なこだわりがあると思われないでしょうか？　そして日本人は、外食をするときには使い捨ての割り箸を使っていましたが、近年はエコブームという視点から、割り箸を使うのではなく、洗って使えるプラスチック製の箸で食事をとっても平気になってきた人が多いと思います。

🍀 こだわりとは他者からの視点

　つまり、こだわりというのは他者からの視点です。自分自身ではおかしいと思っていないことがある中で、こだわりをなくそうとするのではなく、こだわらなくてもいいことを学習していけばいいのではないでしょうか？

　手を洗い続けないと不安な場合は、手を洗わないようにするのではな

◎外国人から見た、日本人の非合理的なこだわり◎

こだわりをなくすのではなく、
許せることを広げていくのが
発達支援だと考えられます。

　く、手を洗う以外で不安を解消するスキルを獲得すれば、自然に手を洗い続けるという常同行動は減少すると考えられます。

　また、偏食が強い子どももいます。子どもたちは、障害のあるなしにかかわらず、酸っぱいものや苦いものが苦手です。酸っぱいものは腐っているもの、苦いものは毒であると感じ、もともと得意でない子どもが多いのです。

　しかし、言語や認知が発達し、これは食べても大丈夫なものだとか、おいしいものだとイメージできるようになれば、新しいものを食べることにチャレンジできるようになるかもしれません。

　偏食が強いことをわがままと決めつけるのではなく、味覚が敏感であるためだと考えてみましょう。偏食をなくさせるのではなく、食べられるものを増やしていくという、ポジティブな学習的視点が有効になるかと思います。

2-11 学齢前（学校に入る前）の自閉スペクトラム症

保護者の方が将来の見立て（予測を立てること）ができ、不安が解消できる早期の支援を利用していくことが重要です。

🍀 早期発見・早期支援が大切

　自閉スペクトラム症は、知的障害の範疇の子どもから、知的発達は非常に優れている子どもまで幅広く、個人差があります。自閉スペクトラム症に限らず、一般的には障害が重ければ重いほど早く発見されます。これを逆に考えれば、障害が軽度であればあるほど、障害の発見は遅くなるということになります。

　自閉スペクトラム症の子どもは、1歳6か月児健診でことばの発達の遅れを指摘されても、「しばらく様子を見ましょう」と言われるなど、早期対応がなされない場合もあります。

　しかし2歳頃から、親の指示が伝わらないとか、こだわりが強かったり、お友達と遊べなかったりする様子が目立つようになります。そして、3歳児健診の結果を経て、早期発達支援が始まるケースが多くあります。

🍀 保護者が相談できる場所

　自治体によっては、2歳児健診を行なっているところもあります。

　乳幼児健康診査の問題は、リスクを抱えている子どもほど、受診率が低くなるということです。これは成人の健康診断と同じで、健康に自信があれば積極的に受診しますが、不安があると診断を望まないことがあるのと同じです。

　社会一般では、まだまだ発達障害に対する理解は不十分であり、母親の子育てのせいにされる場合も多くあります。

　子育てに悩んでいたり、ストレスを感じていたりする保護者の方に対しては、無理に障害を認めさせるのではなく、将来に対して見立て（予測）が立てられるようになり、不安を解消できる早期の支援が望まれま

◎早期発見・早期支援◎

　自閉スペクトラム症は発達障害なので、発達の遅れを特徴とします。

　発達の遅れを両親が気づくかどうかは個人差があります。しかし、大切なのは障害があるから発達支援が必要なのではなく、障害の有無にかかわらず、1人ひとりの子どもの発達に合わせた支援を行なうことです。

　現在は、発達障害者支援センターなどで、早期発達支援が行なわれるようになりました。育児のうえでの悩み事や相談事がある場合、障害の診断の有無ではなく、保育士や心理職、医師などの専門職や、子育て経験者にも気軽に相談できるシステムの整備が望まれます。

す。

　相談できる場所としては、都道府県・政令指定都市主体の「発達障害者支援センター」や「児童相談所」、2012年度より、各市町村主体の「児童発達支援センター」があります。

　この時期の子どもたちに対しては、まず個別指導などによって言語・コミュニケーション、認知発達を促し、その後、身近な子どもたちをモデルにしながら、社会性の発達を促していくことが大事だと考えられます。

2-12 学齢期（小学校・中学校等の時期）の自閉スペクトラム症（ASD）

認知発達の特徴によって、同学年の子どもたちとの友人関係を築きにくいときがあります。その子なりの発達を促していくことが重要です。

🍀 平均的な子どもとのギャップが大きくなる

　小学校・中学校においては、自閉スペクトラム症の子どもたちは、「通常学級」にて学習を行なったり、1-2で説明した「通級指導教室」を利用したり、「特別支援学級」や「特別支援学校」を利用したりと、その子どものニーズに応じて対応はさまざまです。

　こうした学齢期の問題としては、**高学年になればなるほど、平均的な発達の子どもたちとのギャップが大きくなっていく**ことです。

　たとえば、平均的な発達の子どもたちは、年齢が高くなるにつれて興味関心の変化（たとえば、野球やサッカーなどのスポーツ、アイドルやロック歌手などの音楽、競馬やパチンコなどのギャンブルやお酒・たばこなどの嗜好品など大人に許されているものに対するあこがれ、異性に対する関心など）が見られます。

　これは、自分と他者を比較できるようになったからだと考えられますが、仮説演繹法（「もし～ならば」のように、英語のifを用いるなどして、仮説を検証していくこと）の理解の発達が遅れる子どもたちは、芸能界や大人にあこがれることは少なかったりします。

　そうなると、興味関心の違いから友人関係においても影響が出てきます。平均的な発達の中学生では、ことばの使い方も複雑になり、隠語を使って人を中傷することもできるようになりますが、隠語が理解できない子どもたちは、逆にそのからかいの対象になることもあります。

🍀 アスペルガー障害の特徴

　知的障害の範疇ではないので、通常学級に在籍している子どものなかでも、自閉スペクトラム症の症状がある子どもたちがいます。その子ど

◎年齢や認知発達に応じた遊び◎

好きな遊びや趣味は、年齢や認知発達に応じて変化していきます。同年齢の子どもたちと遊べることも大事ですが、本人の認知発達に合う友達同士の集団遊びも、学齢期には必要になってきます。

【遊びの発達】

- **感覚遊び**：赤ちゃん用のおもちゃなどで視覚聴覚などを刺激する遊び
- **象徴遊び**：ミニカーを車として遊んだり、ものをたとえることができる遊び
- **集団遊び**：鬼ごっこのように複数人で遊ぶ遊び
- **ルール遊び**：サッカーや野球などルールにしたがう遊び

もたちを「DSM-Ⅳ」（アメリカ精神医学会の診断基準）では、アスペルガー障害（言語発達に遅れがない場合）や高機能自閉症（言語発達に遅れがある場合）と呼んでいました。

アスペルガー障害の場合、言語発達には問題がないといわれます。それは、非常に高い記憶力があり、知識が豊富で語彙数も多かったりし、言語性IQ（言語面に注目した知能指数）が標準域以上だったりするからです。しかし、２−１で説明した他の自閉スペクトラム症と同様に、類似概念・抽象概念・仮説演繹法などが苦手なため、社会性で困難さを見せたりすることがあります。

子ども１人ひとりの発達を見極め、生活年齢にあまりこだわらずに、少しずつでも課題を達成していくことで、その子どもなりの発達を促していくことが重要です。

2-13 学齢後の自閉スペクトラム症（ASD）の進路

> 産業構造の変化は、自閉スペクトラム症の人たちの就職先を狭めているかもしれません。

　中学校を卒業後、高校・大学・専門学校などへの進学が次の課題となります。高等学校になると、義務教育ではないので選択の幅が広がります。

　たとえば、普通科高校においても、夜間などに授業を行なう定時制高校や、毎日通学する必要はなく、自宅学習等を中心とする通信制高校、学年によって分けず、単位数によって卒業が認められる単位制高校など選択肢が広がります。そして、工業科や商業科、農業科、音楽科、美術科などの職業科などもあります。

　高校には特別支援学級や通級指導教室などの制度はありませんが、特別支援学校高等部や高等特別支援学校などの選択肢もあります。

　義務教育の段階だと自分の苦手な教科も勉強しなければなりませんが、高校・大学となると選択科目も増え、得意なものを選択できるようになるので、苦手なものと得意なものの差が大きい自閉スペクトラム症の子どもたちにとっては、条件によっては自分の力を発揮しやすくなると考えられます。

♣ 就職では、臨機応変なサービス業は苦手

　2010年度の『厚生労働白書』によれば、対人サービス業などの第3次産業に就業している人は1961年では約4割でしたが、2010年では約7割を占めており、産業構造の変化が指摘されています。

　自閉スペクトラム症の特徴として、臨機応変な対応を求められるサービス業は苦手で、それよりも得意であるルーティンを守ったり細かい作業を行なうなどの技術、職人芸など第1次産業・第2次産業などが適しているという考えもあります。しかし、機械化など産業構造の変化によって、それらの需要は減っている状況です。また、知識など学力が高い

◎自閉スペクトラム症に対する就労支援◎

> 　言語認知の発達の個人差により、抽象概念の理解が苦手だったり、語用論的な問題があります。しかし、抽象的なことが苦手でも、具体的で本人が理解しやすい指示であれば、まじめにこなすことが多かったりします。あいまいな指示を見直す機会かもしれません。
> 　自分で計画を立てて、自分でペースをつくるのは苦手かもしれませんが、スケジュールには敏感です。残業や休日出勤など、予定外の対応がなるべく少ない仕事のほうが向いています。
> 　また、私たちはことばの意味通りにコミュニケーションを行なってはいません。たとえば、「自分の机に座りなさい」と言いがちですが、本当に机に座ると怒られますし、「玄関を見てきて」と言われ、玄関を見てきて鍵がかかっているかを確認しないと怒られます。
> 　これらのように、比喩や皮肉など、ことばの辞書的な意味よりもコミュニケーション上の機能が重視されるコミュニケーションのことを「語用論」と呼んでいます。自閉スペクトラム症の人たちは、語用論的理解が苦手だといわれています。
> 　しかし、日本語での語用論を苦手としていない人たちも、外国語の場合、比喩や皮肉やことわざを理解するのは難しかったりします。たとえば、"Talk turkey"と言われて、すぐに「現実的に話し合う」という意味は理解できないと思います。言語は学習経験次第ですから、長期的な言語発達を視野にしていくことが大切です。
> 　仕事を辞めてしまう理由に、対人関係がよく挙げられています。学校では本人主体として優しく対応されていても、職場ではなかなかそうはいきません。ストレスへのコーピングスキル（ストレスをなくすだけではなく、上手に対処するスキルのこと）も獲得していけると素晴らしいと思います。

場合、大学や大学院を出ることによって、家族や周りが大企業や公務員などの就職を期待し、本人の選択肢が限定されるなどの問題が指摘されることもあります。個人のニーズだけではなく、環境面の変化を考慮していかないといけないと思います。

　青年期になると、自閉スペクトラム症の人たちも他者に関心をもち出したり、ほめられると喜んだりすることが報告されています。長い視点で発達を見ていき、本人に合った社会参加ができるような支援が重要だと考えられます。

認知発達とは？

　人間は、外からの刺激を感覚器（視覚・聴覚・触覚・味覚・嗅覚など）で受容し、知覚や認知といったプロセスを経て処理をしています。

　「知覚」とは、感覚器を通じた「刺激」を意識することです。知覚は1つひとつの刺激をまとめて処理しようとするので、全体を見る場合と部分的に見る場合では、見え方が異なるときがあります。たとえば、静止画なのに動いて見えたり、平面図なのに飛び出して見えたり、同じ長さなのにどちらかが長く見えるなどで、これを「錯視」と呼びます。

　そして人間は、目で見たものをそのまま処理するわけではなく、過去の経験や知識のフィルターを通して、脳の中で再現しているといわれています。それが、「認知プロセス」といわれるものです。

　たとえば、日本人ならばひらがな・カタカナ・漢字は、ある程度は読めたり、書けたり、模写できます。しかし、はじめて見たアラビア語などの見慣れない文字は、読むことも書くことも、模写することも相当に難しかったりします。

　これは、過去にそれらの文字を学習しているか否かという経験による差です。必ずしも、視覚が弱いから書けないというわけではありません。

　つまり認知とは、記憶や経験を通じて見たり聞いたりしていることですので、同じものを見ても、年齢や経験によって見え方が異なります。たとえば大人の場合、子どもが好きなゲームのキャラクターの名前を覚えたりすることは苦手でしょう。しかし、文字や数字を読み書きするのが苦手な子どもでも、ゲームのキャラクターの名前や、アイドルグループのメンバーの名前を覚えるのが得意な子がいるのです。

　我々が文字を覚えることができるのは文字の弁別ができるから（たとえば、「ぬ」と「め」）であり、子どもたちがキャラクターを覚えられるのは、そのキャラクターの区別ができるからです。

　このように認知を発達させていくことを「認知発達」といい、個人差が大きいと考えられています。

第 **3** 章

ADHDとは何か？

3-1 ADHD（注意欠如多動症）の特徴

> ADHDとは、不注意・衝動性・多動性の3つの特徴をもった行動面のニーズ（支援を必要とすること）です。

🍀 ADHDの3つの特徴

ADHD（注意欠如多動症）は、**不注意・衝動性・多動性**の3つを特徴としています。これらの特徴は、一見すると誰にでも当てはまるような気がします。忘れものをしない人はいませんし、カッとなって友達とケンカしたことがない人は少ないでしょう。

また、多動性に関しては、自分はおっとり型だと言われる方がいるかもしれません。しかし、2歳や3歳のときも、今と比べておっとりとしていたでしょうか？　ほとんどの子どもが多動性のようにも見えます。

🍀 ADHDの診断基準とは？

ADHDに関するアメリカ精神医学会の「DSM-5」の診断基準では、「症状が少なくとも6カ月以上持続してみられ、それらの程度は、不適応的であり、発達の水準に相応しないもの」とあります。

つまり、2歳は2歳の平均と比べてどの程度不注意であるのか、9歳は9歳の平均と比べてどの程度不注意であるのかを見ることが必要になります。

また、これらの症状のいくつかが12歳以前に見られたり、学校と家庭といった2場面以上で観察されないと、この診断基準を満たしません。そして、社会的・学業的、または職業的機能において、臨床的に著しい障害が存在するという明確な証拠が存在しなければなりません。加えて、それらの症状は統合失調症（幻覚などを中心とする精神疾患の1つ）、または他の精神病性障害の場合によって起こるわけではなく、他の精神疾患でも説明されないとあります。

DSM-Ⅳ（DSM-5の前のバージョン）のときは、広汎性発達障害と診

◎注意欠如・多動症 / 注意欠如・多動性障害の診断基準◎

A．不注意および/または多動性-衝動性の持続的な様式で、機能または発達の妨げになっているもの。

B．不注意または多動性-衝動性の症状のうちいくつかが12歳になる前から存在していた。

C．不注意または多動性-衝動性の症状のうちいくつかが2つ以上の状況（例：家庭、学校、職場；友人や親戚といるとき；その他の活動中）において存在する。

D．これらの症状が、社会的、学業的、または職業的機能を損なわせているまたはその質を低下させているという明確な証拠がある。

E．その症状は、統合失調症、または、他の精神病性障害の経過中にのみ起こるものではなく、他の精神疾患（例：気分障害、不安症、解離症、パーソナリティ障害、物質中毒または離脱）ではうまく説明されない。

出典：日本精神神経学会（日本語版用語監修），髙橋 三郎・大野 裕（監訳）：DSM-5精神疾患の診断・統計マニュアル，p.58-59, 医学書院，2014

断された場合で、不注意や衝動性、多動性等が見られた場合は広汎性発達障害を理由として考えるため、ADHDと広汎性発達障害の重複は、ルール的には認められていませんでした。しかしDSM-5では、自閉スペクトラム症とADHDは併記できるようになりました。

　なお、学習障害（LD）とADHDは併記してよい診断名であり、重複している割合が高かったりします。

　ADHDに対しては薬物療法が行なわれることがありますが、それは、原因を治療するものではなく、不注意・衝動性・多動性などの症状を和らげる対症療法だといわれています。

　ADHDの約80％は、LDを重複しているといわれています。したがって、行動面だけを抑えるのではなく、読み書き計算などの認知発達面も遅れていることが考えられるため、学習面の支援も重要です。

3-2 不注意①
ADHDによく見られる不注意の例

不注意には、ケアレスミスをしてしまったり、集中できないことがふくまれます。

　ADHDには、以下のような不注意が見られることがあります。
●**不注意な間違い**
　たとえば、「フリガナ」と書いてあるところで、ひらがなで振りがなを振ってしまったり、ちょっとした問題を読み間違えたことによるケアレスミスが多かったりします。
●**集中の困難**
　たとえば、算数・国語・英語の時間など、自分が苦手だったり授業の内容を理解していない場合、集中して授業を受け続けるのが困難なため、外を見てしまったり、手遊びをしてしまったりするなど、集中していない様子を見せることがあります。
●**話を聞いていない様子**
　話しかけられたのに、全然話を聞いていない様子を見せたり、生返事をついついしてしまったりすることがあります。
●**やり遂げられないことがある**
　学校の課題や職場でのタスクを計画通りに進めることができず、夜遅くまでかかったり、途中で投げ出してしまったりします。
●**課題の順序立てが困難である**
　優先順位をつけて順番に処理することが苦手で、最初に好きなこと（たとえばゲームや漫画を読むこと）をやってしまうと、宿題などをあとからやることができなかったりします。
●**がんばらなければいけないことを避ける**
　宿題や家のお手伝い、掃除などをサボってしまったり、いやいや行なったりします。
●**課題や活動に必要なものをなくしてしまう**
　宿題や鉛筆、消しゴムなどをすぐになくすことがあります。

◎不注意◎

　以下の症状のうち6つ（またはそれ以上）が少なくとも6カ月持続したことがあり、その程度は発達の水準に不相応で、社会的および学業的／職業的活動に直接、悪影響を及ぼすほどである：

注：それらの症状は、単なる反抗的行動、挑戦、敵意の表れではなく、課題や指示を理解できないことでもない。青年期後期および成人（17歳以上）では、少なくとも5つ以上の症状が必要である。

（a）学業、仕事、または他の活動中に、しばしば綿密に注意することができない、または不注意な間違いをする（例：細部を見過ごしたり、見逃してしまう、作業が不正確である）。

（b）課題または遊びの活動中に、しばしば注意を持続することが困難である（例：講義、会話、または長時間の読書に集中し続けることが難しい）。

（c）直接話しかけられたときに、しばしば聞いていないように見える（例：明らかな注意を逸らすものがない状況でさえ、心がどこか他所にあるように見える）。

（d）しばしば指示に従わず、学業、用事、職場での義務をやり遂げることができない（例：課題を始めるがすぐに集中できなくなる、また容易に脱線する）。

（e）課題や活動を順序立てることがしばしば困難である（例：一連の課題を遂行することが難しい、資料や持ち物を整理しておくことが難しい、作業が乱雑でまとまりがない、時間の管理が苦手、締め切りを守れない）。

（f）精神的努力の持続を要する課題（例：学業や宿題、青年期後期および成人では報告書の作成、書類に漏れなく記入すること、長い文書を見直すこと）に従事することをしばしば避ける、嫌う、またはいやいや行う。

（g）課題や活動に必要なもの（例：学校教材、鉛筆、本、道具、財布、鍵、書類、眼鏡、携帯電話）をしばしばなくしてしまう。

（h）しばしば外的な刺激（青年期後期および成人では無関係な考えも含まれる）によってすぐ気が散ってしまう。

（i）しばしば日々の活動（例：用事を足すこと、お使いをすること、青年期後期および成人では、電話を折り返しかけること、お金の支払い、会合の約束を守ること）で忘れっぽい。

出典：日本精神神経学会（日本語版用語監修），髙橋 三郎・大野 裕（監訳）：DSM-5精神疾患の診断・統計マニュアル．p.58，医学書院，2014

3-3 不注意②
不注意に対する支援

不注意に対しては、認知発達を考慮して、学習支援や生活支援を行なうと効果があります。

🍀 誰にでも当てはまりそうな特徴

　前項でまとめたようなことは、誰にでも当てはまるような気がします。ただ、ADHDと診断されるのは、前項で挙げたような特徴がほとんど当てはまり、さらにそれが6か月以上持続し、学校や職場と、家庭内でも見られる場合になります。

　学校では集中できるのに、家では甘えてしまっている場合や、家ではしっかりできるのに、学校では緊張のためにできないなどの場合は、中枢神経系の機能障害を原因とするADHDではなく、他の原因をさぐってみる必要があります。

🍀 不注意に対する支援が必要

　さて、不注意の様子においても、その子どもの認知発達を考慮していく必要があると思います。

　抽象概念を獲得し、仮説演繹法が使えるようになると、自分自身を客観視することができるようになると考えられます。したがって、自分の行動を制御するもう一人の自分の存在を上手に活用していけるようになれば、不注意は少なくなっていくと考えられます。

　しかし、それ以前の認知発達の状態であれば、周りの他者による支援によって、授業などに集中していくことを学習していかなければなりません。

　たとえば忘れ物が多い場合は、チェックシートを用意したり、連絡帳を使ったり、物をなくしやすい場合は、物の置き場所を固定してみるなど、大人でも役立つ支援法はたくさんあります。

◎集中力がないのでADHDと診断される◎

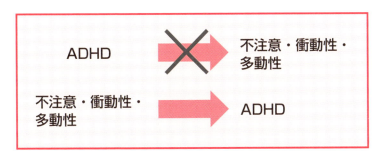

　DSM-5（アメリカ精神医学会の診断基準）は操作的定義なので、ADHDだから多動性なのではなく、多動性だからADHDと診断されます。
　ADHDを治せば、多動性が見られなくなるのではなく、多動性が収まれば、ADHDといわれなくなります。
　私たちがすべきことは、認知発達に合わせて、子ども自身が落ち着いた行動を学習していくことを支援していくことになります。

♣集中できるとき、集中できないときをアセスメント

　また、ADHDだから集中力がないのではなく、集中力がないのでADHDと診断されるわけですから、「どんなときに集中できなくて、どんなときには集中できるのか」をしっかりとアセスメントしていく必要があります。
　ADHDと診断された子どもは、算数の時間は集中できなくても、テレビゲームや体育の時間、休み時間などでは集中して取り組むことができるかもしれません。
　ADHDの場合、重複する学習障害（LD）のために、算数や国語の授業が理解できないため、ADHDの不注意のような行動を示すこともあります。しっかりと学習支援をすることで、不注意を減らすことができます。

3-4 多動性の特徴①
手足をそわそわと動かしたり、よく席を離れる

落ちつかない理由を考え、叱るよりも正しい行動をほめて学習させることが重要です。

🍀 手足をそわそわと動かしたり、いすの上でもじもじする

　多動性の特徴の1つとして、手足を動かさずに先生の話を聞けなかったり、いすにおとなしく座れなかったりする点が挙げられます。この場合、体のサイズに合わせた机といすを準備したり、いすや机の位置に印をつけておいたり、鏡やビデオを使って自分の姿に気づかせることでおとなしく座ることを学習することもあります。また、話がわからなくて落ち着きがなくなる場合もあるので、子どもの認知発達に合わせたわかりやすい話をすることも大事です。集中できないからわからないというよりも、わからないから集中できない場合が考えられるからです。

　また、時間概念が育たないと、集中力を保てずにそわそわするときがあります。大人が講演会や勉強会で、時計を忘れてしまったときに時間がわからず、長く感じてしまうのと同様です。

　時計の読み方は小学校2年生で習いますが、それ以降でも時間概念の発達が遅れる子どももいます。そのような場合、時間という目に見えない抽象概念を、砂時計を使って目に見えるようにすると、授業の終わりの時間の見立て（予測）ができるので、そわそわしないで授業に参加できる子どももいます。他にもタイムタイマーといって、時間が目に見える面積で表わされる道具を使っている場合もあります。

🍀 よく席を離れる（離席行動）

　45分の授業の間で、何回も席を立つことなどが見られます。これは、思いついた行動をすぐとってしまうためだったり、授業の内容がわからなかったり、周りの環境が落ち着かないときに見られます。離席行動を減らすことよりも、着席行動を増やしていくことのほうがポジティブル

◎多動性および衝動性◎

以下の症状のうち6つ（またはそれ以上）が少なくとも6カ月持続したことがあり、その程度は発達の水準に不相応で、社会的および学業的/職業的活動に直接、悪影響を及ぼすほどである：

注：それらの症状は、単なる反抗的態度、挑戦、敵意などの表れではなく、課題や指示を理解できないことでもない。青年期後期および成人（17歳以上）では、少なくとも5つ以上の症状が必要である。

（a）しばしば手足をそわそわ動かしたりトントン叩いたりする、またはいすの上でもじもじする。

（b）席についていることが求められる場面でしばしば席を離れる（例：教室、職場、その他の作業場所で、またはそこにとどまることを要求される他の場面で、自分の場所を離れる）。

（c）不適切な状況でしばしば走り回ったり高い所へ登ったりする（注：青年または成人では、落ち着かない感じのみに限られるかもしれない）。

（d）静かに遊んだり余暇活動につくことがしばしばできない。

（e）しばしば"じっとしていない"、またはまるで"エンジンで動かされているように"行動する（例：レストランや会議に長時間とどまることができないかまたは不快に感じる；他の人達には、落ち着かないとか、一緒にいることが困難と感じられるかもしれない）。

（f）しばしばしゃべりすぎる。

（g）しばしば質問が終わる前に出し抜いて答え始めてしまう（例：他の人達の言葉の続きを言ってしまう；会話で自分の番を待つことができない）。

（h）しばしば自分の順番を待つことが困難である（例：列に並んでいるとき）。

（i）しばしば他人を妨害し、邪魔する（例：会話、ゲーム、または活動に干渉する；相手に聞かずにまたは許可を得ずに他人の物を使い始めるかもしれない；青年または成人では、他人のしていることに口出ししたり、横取りすることがあるかもしれない）。

出典：日本精神神経学会（日本語版用語監修），髙橋 三郎・大野 裕（監訳）：DSM-5精神疾患の診断・統計マニュアル．p.58-59．医学書院，2014

ール（問題行動を減らすより、いい行動を増やすという肯定的なルール）です。離席のたびに叱ることでクラス全体の落ち着きがなくなっていくことよりも、着席することをほめ、着席行動を学習させるほうが非嫌悪的（罰など子どもにとって嫌なことを使わないこと）だと考えられます。

3-5 多動性の特徴②
じっとしていられず、静かに遊べない

多動性行動を減らすことを目的とするよりも、集中して遊べるスキルを広げていくことが大事です。

🍀 適切な場面でじっとしていない

静かにしていなければならない状況を理解できずに、衝動にかられて走りまわったり、高い所へ登ろうとします。青年期や成人期では走りまわったり、高い所へ登ろうとはしなくなりますが、落ち着きのない様子が見られたりします。

🍀 適切な行動を学習させる

これに対する支援は、静かにする場面では、「ここは静かにする場面」であることを本人がわかるように示し、静かにする場面で行なう適切な行動を学習させればよいと考えます。

内言（思考）が発達すれば、自分の行動を制限したり、静かにする場面で他のことを考えたりすることで、おとなしくすることができるようになります。

まだ内言の発達が不十分であれば、音楽をヘッドホンステレオで聴いたり、ゲームをしたり、漫画を読んで過ごしたりするなど、代替行動（代わりとなる行動）を学習することが大事であると考えられます。

🍀 静かに遊んだり、余暇活動につくことが苦手

戦いごっこなどのダイナミックな遊びのほうが好きで、お人形遊びやトランプ、読書などをすることが苦手だったりします。遊びの好き嫌いは大人にもあるのでそれは自由ですが、おとなしく遊べるスキルを身につけていくことも必要だと思います。

多動性が見られる子どもたちは、**頭の中で考えてから行動するという認知発達が遅れている**場合があります。その際には、たとえば逆さこと

◎落ち着いた行動を身につけさせるには◎

「ADHDだから多動性」ではなく、場面に合った落ち着いた行動をすることを学習していないと考えれば、その落ち着いて行なう行動を指導目標にすればよいと考えます。

たとえば、電車やバスの中で走り回らないことを教えるのではなく、電車やバスの中でゲームをしたり、本を読んだり、頭の中で予定を立てるなど、おとなしく過ごせるスキルの獲得を目指せば、結果的に電車やバスの中で走り回る行動は減少します。

集中できる趣味や遊びを広げていくことが重要です。

ば遊び（てぶくろの反対はろくぶて、エクレアの反対はアレクエなど）など、頭の中で考えてから答える遊びなどがよいのではないでしょうか。

また、順番を待つといった概念が育っていないので、落ち着いて遊べない場合もあります。その際はソーシャルスキル・トレーニングなどで、順番やルールを学習してみるのも大切だと思います。

3-6 多動性の特徴③
しゃべりすぎることがある

思ったことをすぐ口に出してしまったり、一方的にしゃべってしまうことがあります。

🍀 一方的にしゃべることがある

　会話には話し手と聞き手があり、その役割を交代することによって成立するものですが、ADHDの子どもたちは、一方的にしゃべってしまうことがあります。

　思いついたことをすぐに行動に移してしまうのがADHDの特徴として考えられますので、それと同じように、思いついたことをすぐにしゃべってしまうこともあります。また、「バカ」「アホ」といった汚言を吐いてしまうことも、その特徴の1つと考えることができます。

　これらに対しては、**頭の中で考えてしゃべるスキルを学習していく**ことが必要だと思います。前述した逆さことば遊びやしりとりを行なったり、メールやブログなどの書きことばにシフトさせていく方法も有効です。

　しかし、いろいろなことばが浮かび上がってくるというのは決して悪いことではなく、それを活かして人を笑わせたり、楽しませたりする役割をもたせていくことは、とても素晴らしいことだと思います。

🍀 高学年になると多動面は落ち着く

　高学年になると、走りまわったり高い所に登ったりするなどの多動面は落ち着くといわれます。これは、抑制系の神経の発達によるものと考えられます。

　また、認知発達が進むことによって時間概念が発達したり、自己客観視などができるようになることで、我慢することを学習したりするからだとも考えられます。

　したがって低学年においては、遅れている認知発達を促していったり、

◎頭の中で考えるスキルの獲得◎

> 思ったことをすぐ口に出してしまう

> 頭の中で考えるスキルを獲得する

　たとえば、逆さことば遊びやしりとり、あいうえお作文などです。また、スリーヒントゲームは、3つのヒントから答えを探すなぞなぞですが、3つのヒントを聞いて考えないといけないので、待つことを学習できます。

　その遅れている部分を、たとえば予定を示すなどして支援していけば、落ち着いて行動できる場合が多いと考えられます。

　大人でも外国に出かけたとき、ことばが通じなかったり、電車の乗り方がわからなかったりするときに不安が生じ、落ち着きがなくなることがあるでしょう。わかりやすい指示や支援があると不安が少なくなり、落ち着きが出てくると思います。

3-7 衝動性の特徴①
質問の途中に答えたり、順番を待つのが苦手

質問を短くしたり、順番を見えるようにすると効果があります。

🍀 質問が終わる前に出し抜けに答え始めてしまう

　クイズ番組を見ていると、質問が終わる前に早押しボタンを押してしまい、お手つきになって不正解ということがあります。

　これと同じように、授業においても先生が質問を終える前に、「はい、はい」と手を上げて答えようとしてしまう子どもたちがいます。最後まで質問を聞いて判断するのではなく、自分が知っている部分のみに対して反応してしまうことは、衝動性が高いといわれる要因の1つになります。

　そのような子どもたちに対しては、**わかりやすい質問をしたり、短い質問をすることによって、最後まで質問を聞くことを学習できる**と考えられます。

🍀 順番を待つことが苦手

　そもそも順番というルールを理解するには、それ相応の言語発達や学習経験が必要と考えられます。それは、世界各国を見ても順番を守ることに対して厳しい国と、寛容な国とがあることからも、後天的に学習する部分が大きいと考えられます。

　また、順番を理解するには、そもそも数概念が育っていなければわかりません。たとえば、病院などで順番カードをとったときに、102番と書いてあっても100以上の数概念を理解していなければ、102番が意味していることを理解できないので、待つことができません。

　したがって、**順番のように目に見えづらい概念は、逆に見えるようにすればわかりやすくなります。**

　たとえば、トランプやカルタなどは、通常、輪になって行ないます。

◎順番を守れない場合◎

　順番という、目に見えないルールがわからないことがあります。
　そもそも、文化によっては順番に厳しいところとそうではないところがあるので、順番を守るということは学習であると考えられます。
　トランプやゲームをする場合は、円になって、時計回りに行ないます。この方法も順番がわかりやすいですが、順番がまわってきた人にたすきをかけたり、順番帽子（順番になったら帽子をかぶる）を用いることによって、順番が目に見えるようになれば、自分の順番まで待てるようになるかもしれません。

　そして、時計回りや反時計回りで始めると思いますが、これがランダムな順番で行なわれたとしたら、大人でも混乱し、順番を守ることが難しくなります。
　最近では、信号機にカウントダウンがついていたり、駅のホームでも並びやすいように線が引かれています。大人に対してもそのような工夫がなされているので、子どもに対しては、よりわかりやすい工夫が必要です。

3-8 衝動性の特徴②
意図せず他人を妨害してしまう

他人の邪魔をして、トラブルになってしまうときがあります。うまく友達と接するスキルを学習することが大切です。

🍀 他人の邪魔をしてしまうことがある

　しばしば他人を妨害し、邪魔をしてしまうことも衝動性の特徴として挙げられます。たとえば、他人同士の会話に割り込んでその会話を中断させてしまったり、ゲームや遊びの邪魔をしてしまったりすることなどです。また、その際に「バカ、アホ」などと汚いことばを発してしまうこともあります。

　これらは、その子どもが意図して会話を妨害しようとしたり、人の邪魔をしようとしていると考えるのではなく、自分の頭の中でイメージしたことをすぐに行動に移してしまいがちであるために、結果的に他人の妨害や邪魔をしたことになってしまうと理解したほうがよいでしょう。

🍀 スキルを学べば、トラブルも減る

　しかし、大人でももし自分が知っている内容と違うことがあれば、そのことについて教えたいと思うときもあるでしょうし、楽しそうなゲームや遊びをしていたら、誰でも仲間に入れてほしいと思います。

　また、ある人が一般的なルールと異なった遊び方をしていたとしたら、「それはおかしいよ」と言いたくなることは、誰にでもよくあることではないでしょうか。

　これらのトラブルは、「人が話し終わってから話に参加する」「仲間に入れてほしいときは、その同意を得てから仲間に入れてもらう」というスキルをまだ学習していないために起こると考えると、逆にそのようなスキルを学習すれば、トラブルは減少するとも考えられます。

◎衝動性とは◎

　頭の中にイメージが湧いたら、すぐにその行動をとってしまいそうになることも衝動性です。

　内言（頭の中のことば）や、継次処理（順番に処理する能力）が発達すると、未来や時系列を見通しやすくなるので、衝動的な行動は減少していきます。

　ことばを発達させることで、未経験のできごとへのイメージ力を育て、アクシデントに対するコーピングスキルを育てていくことが重要です。

🍀衝動性への支援

　大人でも、自分がイメージしていたことと異なったことが起きれば不安になったり、怒りを感じたりします。しかし大人の場合は、さまざまな人生経験の結果、そのような場面のコーピングスキル（ストレスをなくすだけではなく、上手に対処するスキルのこと）を学習している場合が多く、上手にこなすことができます。

　したがって、子どもたちにおいてもイメージを広げる学習や、ピンチの場面におけるコーピングスキルを獲得しておくことが大事だと考えられます。

3-9 学齢前のADHDの特徴

ことばの発達に合わせたわかりやすい指示をすることで、教示を理解して望ましい行動をすることがあります。視覚からの情報も有効です。

🍀 粗大運動と微細運動

　ADHDと診断される子どもたちは、1歳6か月児健診や3歳児健診では、言語発達や運動発達の遅れは明白ではありません。

　むしろ、おしゃべりでことばの発達が優れているように思われたり、走る・跳ぶなど体全体の運動である「粗大運動」では、大きな問題をもつよりも優れた発達を見せることがあります。しかし、おしゃべりが一方的だったり、ハサミや鉛筆を使ったりするなど体の一部の小さな運動である「微細運動」が、苦手だったりすることもあります。

🍀 幼稚園や保育所に行く頃から指摘される

　幼稚園や保育所に行く頃になると、集団場面において、他の子どもたちとの関わりや比較によって、さまざまな問題が指摘されたりします。

　たとえば、動き回っていて落ち着きがなかったり、課題の途中でも立ち歩きが見られたり、友達のものを勝手に借りたり、友達の邪魔をしてケンカやトラブルになってしまったりすることが多いこともあります。

　また、手先が不器用なので、ハサミを使うときに切ってはいけない部分を切ってしまったり、色を塗るときにはみ出す部分が多かったりしてよく注意を受けたり、自分の思い通りにいかずによく泣いていることなどもあります。

🍀 具体的な絵や写真などで指示をする

　まずは、ADHDか否かの前に、幼児の平均的な発達を知っておくことが大切だと思います。

　大人のことばを使うのではなく、ことばの発達を理解することによっ

◎具体的な指示を出す◎

　学齢前であれば、ADHDであろうとなかろうと、目に見えない抽象的な指示を理解することは苦手です。
　たとえば、「廊下を走らない」「友達とけんかしない」といった否定形の指示は、大人でも絵や写真や動画にできないように、子どもにとってはイメージがしづらいと考えられます。
　また、「廊下に並びなさい」と言われても、廊下のどこに並べばいいのかがわからない場合があります。
　いかに具体的な指示が出せるのかが、支援の最大のポイントになります。
　プロサッカー選手でも、フリーキックの壁をつくるときに9.15m以上は離れないといけないのにどうしても前に出てしまいますが、「バニッシュスプレー」という、すぐ消えるスプレーで線を引いたところ、それより前に出ることが少なくなりました。

て、わかりやすい話し方をすることが大事です。また、まだ字を覚えていない子どもに対しては、文字による視覚支援では難しいこともあります。
　加えて、時間概念も育っていない場合は、「静かにしていなさい」「待っていなさい」といった指示では、どのぐらいの時間、指示を守ればいいのかがわからない場合があります。したがって、具体的な絵や写真などで指示を伝えたり、並ぶ場所、机の位置、自分の道具の場所などをマークで伝えていくという支援によって、子どももわかりやすく行動ができます。

3-10 学齢期のADHDの特徴

> ただ叱ったり怒ったりするよりも、正しい行動が見られるように場面を設定し、その子どもに適切な行動を増やしていくことが重要です。

🍀 小学校では不注意な面が目立つ

　小学校に入学すると、さまざまなルールが理解できずに授業中に立ち歩いたり、手遊びをしたり、友達の邪魔をしたり、ケンカやトラブルが多かったりするなどの多動性や衝動性の特徴があります。それだけでなく、忘れ物が多かったり、宿題や約束を忘れてしまったり、プリントなどを整理できないので机の中が汚かったり、テストでも名前を書くのを忘れたり、ケアレスミスを重ねたりするなど、不注意な面が注目されたりします。加えて、後先を考えないその場しのぎの発言なども見られ、周りから「うそつきだ」と言われることがあります。

　小学校低学年では遊びに大人が介入する部分が多いですが、3・4年生になると、男の子同士、女の子同士と、子ども同士で遊ぶようになります。また、遊びのルールも複雑になるので、それを理解できないと、「ズルをした」などと言われ、ケンカになる場面も多くなります。

　小学校高学年以上になると、身体の成長とともに多動性の面は落ち着くといわれていますが、不注意な部分に対して叱ったり怒ったりするだけの指導が続くと、「どうせ自分はだめだから」といったネガティブな自己評価をするようになります。また、先生や両親から怒られることが多いと、それを見ている周りの子どもたちやきょうだいたちも同じようにその子に対して怒ることが普通になってしまいます。

🍀 学齢期の支援とは？

　幼児のときには同じようなことをしても怒られなかったのに、学齢期では怒られることが多くなります。つまり、周りの大人も問題な行動と子どもの年齢を比較して怒るようになります。

◎叱るだけでは逆効果◎

　「廊下は走らない」と言われれば、廊下を走ることをむしろイメージしてしまいます。
　大人でも、「開けてはいけません」と箱に書いてあれば、逆に開けたくなってしまうでしょう。
　したがって、「○○してはいけません」と否定形で言われれば言われるほど、その行動をイメージして、かえってその行動を繰り返してしまいます。
　自分で新しい行動をイメージできないのが低学年の子どもたちなので、具体的にイメージできるように、能動態の表現で説明したり、絵や写真、動画などでまねできるようなモデルを示すことが必要です。
　また、周りの子どもたちも、先生が叱るところを見ると、自分もその子どもを叱っていいと思いがちです。逆に、先生がみんなの前でいいところをほめると、周りの子どももその子どもをすごいと思うようになります。
　大人は子どものモデルになるということを意識することが大切です。

　しかし、発達障害とは部分的、あるいは全体的な認知発達の遅れがあることを意味するので、叱るだけではなく、本人の認知発達に合わせた支援をしながらの指導が必要になります。

　たとえば、忘れ物が多い場合、忘れ物をしたことを叱るだけではなく、忘れ物をせずに必要なものを持っていく指導が必要です。そのために指示だけではなく、**持ち物のチェックリストをつくったり、持ち物の保管場所をわかりやすくしておく**などの環境設定をすることも有効です。

　そもそも低学年のうちでは、「○○しない」という指示は具体的ではなく抽象的なので、怒られたことはわかっても、代わりに何をしたらいいのかがわからず、その怒られたことを繰り返してしまうことがあります。

　また、中学生や高校生になると、親や先生の言うことに対して素直に従うことができなくなります。まして、怒られたことに対しては自分なりの言い訳を考えることが多いでしょう。叱ったり怒ったりするだけではなく、**具体的に何をしたらいいのかを伝えたり、その目標を達成することが容易になるような場面設定を行ない、子ども自身の適切な行動を増やしていくこと**が重要になります。

3-11 学齢後のADHDの特徴

大人になると多動性は落ち着きますが、不注意や衝動性によって困難を抱えることもあります。しかし、その特徴を活かせることもあります。

🍀 大人のADHDの特徴

アメリカ精神医学会の診断基準である「DSM-5」では、ADHDの有病率は子どもで5％、大人で2.5％と書かれています。つまり、治るというのは難しいですが、ADHDの症状が見られなくなる場合が半数であるといえ、そのような意味でも日本語の「障害」という説明は不適切であると考えられます。

ADHDは、不注意・衝動性・多動性を特徴とするものですが、走りまわったり、飛び跳ねたりする多動性は、年齢とともに減少するといわれています。ただ、落ち着きのなさが指摘されることもあります。

🍀 大人の不注意の例

大人の不注意においては、ごみ捨ての日を守れなくてごみが捨てられないことが多かったり、部屋の中を片付けられずに散らかっている、遅刻が多い、提出物の期日を守れないなどスケジュール管理に弱い、短気で口論になりやすい、ギャンブルに依存してしまうなど、日常生活や職場でのトラブルが挙げられています。

🍀 大人では自分で対処できることもある

子どものときにADHDと診断され、大人になってもそのような症状がある場合は、ADHDが原因と考えられやすいです。

しかし、現在大人の場合は、子どものときにADHDの概念の理解が広がっていなかったため、子どものときの様子は、過去に関する聞き取りによって判断するしかないので、診断が難しいという点も指摘されています。

◎大人のADHDに対する支援◎

> 大人でもADHDの症状が残るのは半数です。
> （有病率：子ども5％、大人2.5％［DSM-5より］）
>
> 　つまり、半数は発達するにつれて、ADHDの症状は見られなくなっていきます。
> 　不注意や衝動性については、内言の発達とともに、セルフモニター（自己客観視して、自分で自分を省みること）、自己管理ができるようになります。
> 　大人のADHDの支援においては、旅行に行くときに使う持ち物リストのような「チェックリスト」など、目に見えるフィードバックを用いながら、自主的に行動が改善できるように支援していくことが重要です。

　青年期・成人期のADHDは、知的発達には問題がないと考えられるため、自己客観視などもできるようになれば、**自分自身の行動に対して自分自身で対処できる**ようになっていきます。

　この点が、子どもとの違いです。つまり、専門家の支援を利用しながらでもいいのですが、自分の問題行動に対して改善を試みることができるようになります。

　また、ADHDの特徴が社会人としての成功に結びつくこともあります。子どものときはおしゃべりだったり行動的なことは怒られる対象になりがちですが、大人になればおしゃべりは文脈さえ適切であれば人を喜ばすことで感謝されますし、行動的なことは、社会において大きなチャレンジを果たすこともあります。

合理的配慮とは？

　2016年4月1日より、「障害を理由とする差別の解消の推進に関する法律」（通称、「障害者差別解消法」）が施行されました。この法律の中心となるのは、①障害を理由とする差別的取扱いの禁止、②合理的配慮の不提供の禁止になります。

　①の「障害を理由とする差別的取扱いの禁止」は、障害を理由とし、合理的な理由がない場合のサービスの不提供などを禁止するものです。たとえば、障害を理由として受験資格を与えない場合や、入店を拒否する場合などが禁止されていると考えられます。②の「合理的配慮の不提供の禁止」は、国の行政機関や地方公共団体の場合は禁止となっていますが、NPO法人や民間事業者の場合は努力義務とされています。

　合理的配慮とは、「障害者の権利に関する条約」において、「障害者が他の者との平等を基礎として全ての人権及び基本的自由を享有し、又は行使することを確保するための必要かつ適当な変更及び調整であって、特定の場合において必要とされるものであり、かつ、均衡を失した又は過度の負担を課さないものをいう」とされています。

　合理的配慮は、"Reasonable Accommodation" の和訳ですが、この訳し方には議論があるようです。ただ、上記の定義のように、障害がある人たちを過度に特別視せずに、たとえば、盲導犬を建物に入れることを許可するなど、実践的にも経済的にも合理性のある調整を意味すると考えられます。もともと "Reasonable Accommodation" は、1960年代のアメリカ合衆国で起きた公民権運動における差別問題の文脈で使われ始め、その後障害がある人たちもその対象になったといわれています。

　合理的配慮は、提供する側の過剰な負担にならないということで、大企業や国公立機関には、それ相応の責任があると考えられています。しかし、民間企業であれば合理的配慮をしなくてよいというわけではありません。障害があろうとなかろうと、民間であろうと公立であろうと、みんなが支え合える社会こそ、合理的な社会（差別がなく理にかなった社会）であるといえましょう。

第**4**章

LDとは何か？

4-1 LDの特徴①
LD（学習障害）とは何か？

知的障害や視覚障害、聴覚障害など他の障害や環境的な要因が直接の原因ではなく、学習上で困難のあることを指します。

🍀 学習障害の定義

文部省（現、文部科学省）の学習障害の定義では、「学習障害とは、基本的には全般的な知的発達に遅れはないが、聞く、話す、読む、書く、計算する又は推論する能力のうち特定のものの習得と使用に著しい困難を示す様々な状態を指すものである。学習障害は、その原因として、中枢神経系に何らかの機能障害があると推定されるが、視覚障害、聴覚障害、知的障害、情緒障害などの障害や、環境的な要因が直接の原因となるものではない」とあります。

つまり、**基本的には全般的な知的発達の遅れはない**ということが、第一の条件です。

しかし、聞く・話す・読む・書く・計算する・推論する能力とは、それぞれ知的発達を構成するものなので、それらにすべて困難があれば、知的障害の範疇に入るということになります。これを言い換えれば、部分的な知的発達の遅れがあるけれど、それらを平均した能力である全般的な知的発達には遅れはないということです。

つまり、苦手な部分があったとしても、それを補っている得意な部分があると考えることもできます。

🍀 学習障害の原因

上記、文部科学省の学習障害の定義の中に、「中枢神経系に何らかの機能障害があると推定される」とあります。

つまり、まだ原因が不明確であるということに加え、器質障害（目に見えて観察できる部位がある障害）ではなく機能障害（観察できる障害部位はないけれど、機能に問題がある障害）であり、英語ではdisor-

◎学習障害の定義について◎

> 文部科学省のLD（学習障害）は、「Learning Disabilities」で、アメリカ精神医学会におけるLDは、「Learning Disorders」です。
> 「DSM-5」（アメリカ精神医学会の診断基準）では、「Specific Learning Disorders」を限局性学習症と訳されています。
> 英国で用いられているLDは、「Learning Difficulties」であり、学習困難と訳されます。これは、上記のLDより広い概念であり、経済的な理由や環境的な理由もふくめて、学習上に特別なニーズがあることを指します。

第4章　LDとは何か？

ders（機能不全〔著者訳〕）ではなくdisabilities（能力困難〔著者訳〕）となっています。

そして、視覚障害があれば「読む・書く」に困難が生じますし、聴覚障害があれば「聞く・話す」に障害が生じますが、視覚障害や聴覚障害が直接的な原因ではない「聞く・話す・読む・書く」などに困難があることを学習障害と定義しています。

知的障害や情緒障害などが診断されているものが、「聞く・話す・読む・書く」などの困難がある場合は学習障害ではないと考えます。また、親の育て方など、環境的な要因も困難の直接的な原因となっていないものを学習障害としています。

4-2 LDの特徴②
さまざまな検査の方法

標準化された検査を用いて心理アセスメントを行ない、子どものニーズを把握します。

🍀 心理アセスメントとは？

　発達障害がある子どもたちの「聞く・話す・読む・書く・計算する・推論する能力」を評価する際、客観的な指標を得るため、「**アセスメント**」と呼ばれるニーズ（支援が必要なところ）やストレングス（強み）の評価がまず行なわれます。

　現在のアセスメントには、WISC-Ⅳ（対象年齢：5歳0か月から16歳11か月）、WAIS-Ⅲ（対象年齢：16歳から89歳）、K-ABC（対象年齢：2歳6か月〜12歳11か月）、DN-CAS（対象年齢：5歳0か月〜17歳11か月）、田中ビネー知能検査Ⅴ（対象年齢：2歳〜成人）などの知能検査や認知検査からなる心理アセスメントのほか、学力アセスメント、行動アセスメントなどがあります。心理アセスメントが行なわれるのは、児童相談所や特別支援教育センター、病院などであり、心理学や特別支援教育の専門家がとることが多いです。

　標準化された心理検査では、被験者の生活年齢群の平均の能力を100として計算されています。知的障害の場合は、知能指数が70以下（－2標準偏差以下）が1つの基準となっています（標準偏差とは、データのばらつきの幅を表わす数値：Standard Deviation；SD）。この知能指数70というのは、出現率が約2.3％ということを意味しています。つまり、集団の下位約2.3％以下の出現率にある人に障害があると考えるのが一般的です。

　知能指数以外にも、低身長の場合も－2標準偏差以下といった考え方をします。つまり、絶対的な数値で障害の有無が決まっているのではなく、同年齢の子どもたちの平均値に対しての出現率によって相対的に障害は決められています。知能指数以外にもWISC-Ⅳの4つの指標得点（言

◎特異的LDを判断するための基準◎

　認知発達に凸凹（でこぼこ）があることが、学習障害を指すわけではありません。特異的LD（海外では、単純にLDではなく、Specific Learning Disorderと呼んでおり、それを特異的LDと呼んでいます）判断のための「ディスクレパンシー・一貫性モデル」（Jack A. Naglieri、2011）では、以下の基準に適合する場合、特異的LDであることが示唆されるとされています。ディスクレパンシーとは、「差」のことです。

① 認知処理得点間にディスクレパンシーが存在する。
② 学力の得点間にディスクレパンシーが存在する。
③ 低い認知処理の得点と低い学力の得点との間に一貫性が存在する。
④ 低い認知処理の得点と低い学力の得点が平均を明らかに下回っている。

（注）ここでいう「平均を明らかに下回っている」とは、アメリカ精神医学会の診断基準である「DSM-Ⅳ」の精神遅滞（知的障害）の定義では、「明らかに平均以下の知的機能」が平均発達より2標準偏差下回っていることを指しているので、標準得点では70、評価点では4を下回っていることを意味していると考えられます。

出典：Jack A. Naglieri（2011）、第7章　知能のPASS理論を用いた特異的LD判断のためのディスクレパンシー・一貫性アプローチ、エッセンシャルズ新しいLDの判断、D. P. フラナガン、V. C. アルフォンソ　編／上野一彦、名越斉子監訳、日本文化科学社

語理解、知覚推理、ワーキングメモリー、処理速度）も標準得点70が障害の有無の基準になっています。この数値を見ながら、子どもの認知発達・知能発達の全体的・部分的な遅れや偏りなどを評価しています。

　なお、それぞれの検査の下位検査においては、「評価点」という基準も使われており、評価点の場合は平均が10、標準偏差が3ですので、−2標準偏差以下というのは、評価点が4以下のことを指しています。

　ただ、どの指標得点も70以上、どの評価点が4以上ある場合でも、その数値のばらつきによって学習することが困難になっている子どもたちもいます。数値にこだわらずに、その子どもの苦手なところと得意なところをしっかりと把握することが大事だと考えられます。

4-3 LDの特徴③
学力不振とやる気の問題

原因探しをするより、学力についても支援対象ととらえる必要があります。

🍀 小学校における学力の遅れ

学校の先生の中には、「学習障害のような発達障害に関しては、大学等で勉強をしていないので専門外だし、知能検査や認知検査の実施・解釈は難しい」とおっしゃる方がいます。しかし、学力アセスメントに関しては、学校の先生が一番の専門家です。

学習障害を診断するための明確な基準はありませんが、文部省（現、文部科学省）は、「学習障害児に対する指導について（報告）」の中で「学習障害の判断・実態把握基準（試案）」を示しています。その基準では、**国語または算数（数学）の基礎的能力に著しい遅れがある点について、小学校2・3年生の場合は1学年以上の遅れ、小学校4年生以上または中学校においては2学年以上の遅れ**のこととしています。

また、漢字の読みや書き取り、算数の進度などは比較的わかりやすい指標です。教科間に成績の差がある場合も、認知発達の偏りが要因になっていることも考えられます。

🍀 やる気の問題か、学習障害が原因か？

学力不振に対して、「学習障害等の発達障害が原因なのか、ただやる気がないだけなのか」といった質問もよくあります。学習障害は認知発達の偏りや教科間の差が見られるので、「やればできるのにやらないだけだ」と見なされてきた問題があります。

したがって、叱られることが中心になり、子ども自身も「なぜできないのか」という点に悩み、自己評価がネガティブなものとなるなど、二次的な問題が生じることもありました。「やればできる、がんばればできる」といった精神論的な言動は、たいがい善意で行なわれるものです

◎文部省による学習障害の基準◎

A．特異な学習困難があること

1　国語又は算数（数学）（以下「国語等」という）の基礎的能力に著しい遅れがある。

・現在及び過去の学習の記録等から、国語等の評価の観点の中に、著しい遅れを示すものが1以上あることを確認する。この場合、著しい遅れとは、児童生徒の学年に応じ1～2学年以上の遅れがあることをいう。

　　小学校2、3年　　　　1学年以上の遅れ
　　小4年以上又は中学　　2学年以上の遅れ

なお、国語等について標準的な学力検査の結果があれば、それにより確認する。

・聞く、話す、読む、書く、計算する又は推論する能力のいずれかに著しい遅れがあることを、学業成績、日頃の授業態度、提出作品、ノートの記述、保護者から聞いた生活の状況等、その判断の根拠となった資料等により確認する。

2　全般的な知的発達に遅れがない。

・知能検査等で全般的な知的発達の遅れがないこと、あるいは現在及び過去の学習の記録から、国語、算数（数学）、理科、社会、生活（小1及び小2）、外国語（中学）の教科の評価の観点で、学年相当の普通程度の能力を示すものが1以上あることを確認する。

B．他の障害や環境的な要因が直接の原因ではないこと

・児童生徒の記録を検討し、学習困難が特殊教育の対象となる障害によるものではないこと、あるいは明らかに環境的な要因によるものではないことを確認する。
・ただし、他の障害や環境的な要因による場合であっても、学習障害の判断基準に重複して該当する場合もあることに留意する。
・重複していると思われる場合は、その障害や環境等の状況などの資料により確認する。

出典：文部省「校内委員会における実態把握基準と留意事項」(1999)をもとに作成

が、病気や障害等、不可避の問題では、人を傷つけることもあると考えられます。

　誰しも、自分が好きなこと（ゲームやスポーツ）などにはやる気が出て集中できますが、苦手なことをがんばるのは相当な努力が必要になります。もし、やる気が出て困難が解消できるのであれば素晴らしいことですし、学習障害が要因の場合は、本人の認知発達に合わせた支援があれば、困難も減少すると考えられます。したがって、やる気が原因なのか、発達障害が原因なのかを明確に区別するのではなく、学力の問題をニーズ（支援の対象）としてとらえることが必要です。

4-4 「聞くこと」の発達を支援する

> ことばの発達には、「聞くこと」の発達がとても重要です。これを促すためにも、聴覚だけでなく視覚など他の刺激も用いていくことが重要です。

🍀 聴覚障害が直接的な原因ではない

　ことばの発達において、「聞くこと」の発達はとても重要な役割を担います。聴覚では、周波数ごとに低い音や高い音が、どの程度聞こえるのかをみる聴力検査を行ないます。

　しかし、学習障害の場合は、聴覚障害が直接的な原因ではないのにことばの聞き間違いが多かったり、長い指示の理解（文法の発達）が難しかったり、集団場面において必要な情報を聞き取ることが難しかったり、授業中に集中して先生の話を聞くことが難しかったりするといった問題が指摘されています。

🍀 外国語を聞く状況と似ている

　このように、聴覚には問題がないのにことばが聞き取れないというのは、私たちが外国語と接したときと似た状況だと思います。

　日本語なら話せたり聞くことができるので、聴覚には問題がないと考えられても、外国語の場合は単語の聞き間違いがあったり、長い文章だと、文法が混乱して理解できなかったりすることがあるでしょう。

　また、もしすべて外国語で行なわれる授業であれば、理解しやすい日本語の授業よりも集中することが困難な場合も多いと思います。そして、知っている単語はとてもよく聞き取ることができたり、日本人の場合は特に、書きことばからのほうが英語を理解するのは得意なので、英語の字幕があると、聴覚認知も向上することがよくあると思います。

🍀 「聞くこと」が苦手な子どもに対する支援

　外国語のヒアリングを向上させるためには、知っている単語なら聞き

◎「聞く」ということ◎

- ●聴力検査を行ないます。
- ●語彙数を確認します。
  知らない単語は聞き取りづらいです。
- ●文法の発達を確認します。
  母国語でも、文法は年齢とともに発達します。
  受動態や仮説法を理解するには時間がかかります。
- ●抽象概念が発達していなければ、抽象的な指示や教示は使わないようにします。
- ●視覚的な支援を積極的に使いましょう。
  文字が読めれば、文字によって聴覚認知は上がります。
  文字が読めなくても、絵や写真から名称がわかれば、聴覚認知が上がります。

取れるので、語彙の数が多ければ多いほど、ヒアリング能力は高まると考えられます。

したがって、「聞くこと」が苦手な子どもたちに対しても、**まずは語彙を増やしていくことが重要**だと考えられます。語彙を増やすためには、**絵や写真、文字などの視覚的な情報を積極的に用いていくこと**がとても大切だと考えられます。怠けているから聞いていないのではなく、聞くことができないから怠けているように見られるのでしょう。

また、文法や認知発達がどの程度あるのかを確かめる必要もあります。たとえば、受動文が理解できなかったり、抽象概念の獲得が遅かったり、仮説演繹法が理解できない段階の子どもたちに対しては、難しい抽象的なことばを使わず、わかりやすい簡潔な指示を出したり、視覚的に指示を出すことができれば、「聞くこと」に困難があると考えられる子どもたちにとっても理解がしやすく、指示に従う場面が増えてくると考えられます。

4-5 「話すこと」の発達を支援する

発音・文法・内言の発達などが「話すこと」の発達に関連しますが、大事なのは、「聞き役」こそが発達を促すという点です。

🍀 発音・文法の発達

　聞き取ることが難しい単語を話すことはとても難しいものですから、「聞くこと」の発達が遅れると、「話すこと」の発達も同時に遅れると考えられます。したがって、単語の発音におかしな点が見られる場合は、聞き取ること（聴音）の発達の遅れがあるのかを確認する必要があります。聞き取ることに問題がなければ、音をつくること（構音）の問題が考えられます。

　ことばは、大人から子どもへ一方的に伝えることによって発達するものではなく、大人と子どもなどの相互関係によって促されていくと考えられます。つまり、大人が正しい発音を子どもに伝えていくだけでなく、子どもが正しい発音をしたときに積極的にフィードバックしていくことで、正しい発音が増えていくと考えられます。また、文字を理解することができれば、発音の見立て（予測）にもなります。

　話すことにおいて必要な発達は、発音だけではありません。ものを適切に表現する語彙の数も重要ですし、語と語を結びつける文法の発達も必要になります。たとえば、「れる」「られる」の受身の文章が苦手だと、「僕がお兄ちゃんにいじめられた」と親に言うべきところを「僕がお兄ちゃんをいじめた」と言ってしまい、逆に怒られてしまうこともあります。時制を上手に表現できないと、友達と約束できないことがあります。表現力が発達すれば、自分の思っていることのイメージをいろいろな人と共有できるようになります。

　また、たとえば「バカ」「アホ」など、社会的には不適切なことばをすぐに口に出してしまったり、支離滅裂で話の内容が飛んでしまったりする子どもたちがいます。それは、話す内容を頭の中で整理することが

◎「話すこと」についての支援◎

■**発音の置換**
　たとえば、「さかな」が「たかな」になるなど、sとtの置換が見られる場合は、絵カードを使って、聴音（音を聴き取ること）の問題なのか、構音（音を構成する口内の動き）の問題なのかがわかります。聴音の問題であれば、話すだけの問題ではなく、聞くことの困難さも疑います。

■**文法の発達**
　表現力をつけるためには、時制や受動態、仮説法など、文法の発達が必要になります。過去形や未来形を表現できなかったり、受動態を表現できないと、自分が伝えたいことを相手に正しく伝えられません。その結果、話すことを嫌がるようになったり、イライラしたりします。

■**内言の発達**
　話す前に、何を話すかを頭の中で整理できるようになると、上手に伝えることができるようになります。時系列が理解できるようになると、起承転結など、相手に伝わりやすいような話ができるようになりますし、話の展開をしっかりと構成することで、話のオチをつけることができるようになります。

■**過緊張**
　人前で上手に話すのは、大人でも苦手な人が多くいます。小さな場面からのスキルトレーニングが大切ですし、小さな成功経験の積み重ねから、人前で上手に話すことができるようになります。

難しいからだと考えられます。したがって、頭の中のことば（内言）を発達させていくことが大事だと思います。

🍀 上手に話せるようになるには？

　その他に、吃音だったり、過緊張であったり、話すスピードが速すぎたりすることが、話すことの発達における難しさとして指摘されます。
　これらにおいても、まずはことば全体の発達を促していくことが大切だと考えられます。また、話すということは、「聞き役」が必ず必要になります。聞き役の態度で、過緊張を防げたりすることができます。私たちが外国人と話すときに、相手が理解してくれたことを表わしてくれると非常に安心します。子どもたちに対しても、**よくうなずきながら聞くなど、上手なフィードバック**が重要だと考えられます。

4-6 「読むこと」の発達①
文字を「音」から理解する

日本語にはひらがな・カタカナ・漢字など複数の文字の種類があり、漢字は順番に学習していきます。発達に合わせて文字を学ぶ必要があります。

🍀 文字の読み

　文字を読み書きすることは、学校教育では非常に重要なことだと考えられます。我が国では、ひらがな・カタカナ・漢字を文字として使っていますが、教科として文字を学習するのは、小学校に入ってからです。

　ただ、現在では家庭や幼稚園、保育園において早期教育が行なわれています。小学校に入るまでには、発音を表わしている「表音文字」としてのひらがなは、「っ」、「ょ」などの特殊音節以外は、ほとんどの子どもが読めるといわれています。

🍀「音韻意識」を育てる

　文字を学習するためには、「音韻意識」の発達が必要だといわれています。音韻とは、たとえば「とまと」であれば、「と」、「ま」、「と」というように、その言語において別のものとして分解できる抽象的な音です。

　特にひらがなを読むためには、この音韻を分解していく力が必要になり、「とまと」は3文字で成り立っていることを理解することが必要だといわれます。したがって、幼児期におけるしりとり遊びや、じゃんけんをして階段の昇り降りを競う遊びなどによって音韻意識を育てることは、文字の読み書きにおいて重要だと考えられます。

　そして、「っ」、「ょ」などの特殊音節は、音韻分解が難しいため、小学校1・2年生においても上手に発音できない子どもたちがいます。近年、そのような特殊音節が苦手な子どもたちや、漢字などをなかなか覚えられない子どもたちを、学習障害や発達障害と呼ぶようになってきました。

◎限局性学習症/限局性学習障害の診断基準◎

> 学習や学業的技能の使用に困難があり、その困難を対象とした介入が提供されているにもかかわらず、以下の症状の少なくとも1つが存在し、少なくとも6カ月間持続していることで明らかになる。
>
> ※「読み」に当たる部分を抜粋
>
> （1）不的確または速度が遅く、努力を要する読字（例：単語を間違ってまたはゆっくりとためらいがちに音読する、しばしば言葉を当てずっぽうに言う、言葉を発音することの困難さをもつ）
>
> （2）読んでいるものの意味を理解することの困難さ（例：文章を正確に読む場合があるが、読んでいるもののつながり、関係、意味するもの、またはより深い意味を理解していないかもしれない）

出典：日本精神神経学会（日本語版用語監修）, 髙橋 三郎・大野 裕（監訳）：DSM-5精神疾患の診断・統計マニュアル. p.65, 医学書院, 2014

　しかし、大人でもすべての漢字を読んだり、書いたりできるわけではありません。大多数の人が書くことができる漢字を書くことができなかったり、読むことができなかったりする場合に、困難さがあるか否かを判断します。

　これは子どもでも同じで、前述のように著しい遅れがあると判断するのは、小学校2・3年生の場合は1学年以上の遅れ、小学校4年生以上で中学生の場合は2学年以上の遅れがある場合を指します。

　漢字は、学習指導要領に基づき順番に学習していきます。従来は画数が少ないものを低学年で学習してきましたが、近年は画数だけではなく、**具体的にイメージしやすい漢字**を低学年で学習するようになっています。つまり、発達に合わせて文字を学習していく必要があるといえます。

　また、日本語と比較して英語の場合は、同じ表音文字であってもスペルによって読み方が違ったり、音韻の数が多く複雑なため、英語圏のほうが「読み」に困難を抱える人たちが多いといわれています。

　このことは、読み書きの困難さ・ニーズは、個人の生得的なものだけではなく、環境や文化によっても差が生じることを指します。したがって、文字を学習していくためには、本人の認知発達に合わせて適切な課題とともに進めていくことが望まれます。

4-7 「読むこと」の発達②
文字を「目」から理解する

文字を読むためには、視覚認知の発達も必要です。文字だけではなく単語や文、絵などイメージしやすい教材で学習していくと有効です。

🍀 視覚認知の発達も必要

　前項では、「音韻意識」という主に聴覚認知の発達の面から学習障害について述べましたが、文字を読むためには、視覚認知の発達も重要です。文字というのは抽象的な記号ですから、**まずは文字の弁別（刺激を区別すること）ができなければ、読み分けも難しいと考えられます。**

　たとえば、「め」と「ぬ」の違いを弁別したり、カタカナであれば「ソ」と「リ」、アルファベットの「b」と「d」の違いを弁別する力も必要になってきます。生得的な認知発達によってこれらの弁別ができるようになるのであれば、我々大人は、アラビア語やヘブライ語などは読めなくても書き写すことができるはずです。しかし、学習していない文字を間違いなく書き写せる人はそう多くはありません。

　また、「ソ」と「リ」の場合、活字であれば区別できますが、手書きの場合は、大人でも単文字ではなかなか区別できないことがあります。そのようなとき、たとえば「そりにのりました」という、単語や文章で書かれていたほうが読みやすかったり、ソリの絵が書かれていたら文字の弁別がしやすかったりします。

　したがって、文字の学習の初期には、幼児教育でもよく使用されているように、ただ文字を見せるだけではなく、単語にしたり、絵を多用したりすることで、文字の学習を進めていくことができます。

🍀 文章の読み方

　1文字1文字が読めるようになったからといって、文が読めるようになるとは限りません。そして、文章を読むには音読・黙読があり、音読の中でも逐語読みから朗読などがあります。大人は、ひらがなだらけの

◎「読むこと」の発達に関わるもの◎

「読むこと」は、大きく以下の2つに分けられます。
①**音韻意識等、聴覚認知発達に関わるもの**
②**視覚認知発達に関わるもの**

①に関しては、しりとりやなぞなぞなど、ことば遊びなどを通して語彙を拡大し、文法の発達を促します。

②に関しては、斜線や曲線の視覚認知ができるようになることが重要です。その後、「め」と「ぬ」の違いを認知できるように弁別訓練が必要になります。その際には、ただ文字だけを比較するだけではなく、実物の絵や写真を用いながら、単文字だけでなく、単語を使うのも1つの方法です。

●区別がつきますか？

※アラビア語の「d」(左)「r」(右)

文章よりも漢字かな混じりの文章のほうが読みやすいように、文章を読む際は、文字を1つひとつ逐語読みするよりも、単語に目を向け、イメージをつなげられるようになっていくと、音読もスムーズになり、文章の理解も優れていくと考えられます。

また、黙読は内言の1つで、内言を育てる1つの手段と考えられます。文字からのイメージ力を上げていくことは、実際に目に見えない抽象概念や、未来や過去といった時系列も想像できるきっかけになるため、文章を読む力は教育の基本となると考えられます。

文の読解力を上げていくためには、初期の頃は文字だけではなく、絵など具体的にイメージできる絵本などが有効だと考えられます。また、ストーリーを知っているもののほうが推測しやすく上手に読むことができます。これは、大人が外国語の文章を読むときと同じです。イメージと文字、文章を結びつけやすい教材が必要と考えられます。

4-8 「書くこと」の発達①
読めても書けないことがある

> 文字は読めても書けない場合があります。本人の認知発達に合わせて文字の学習を進めていくことが大切です。

　大人でも、すべての漢字の読み書きができるわけではありません。ひらがなや漢字は、読めなければ書くことは難しいので、**まずは「読み」の発達**が重要になります。それは、「読むことの発達」で述べた通りです。また、読むことの発達以外に、視覚認知の発達や目と手の協応（互いにかみ合って動くこと）や、微細運動の発達などが文字を書くことに関連していきます。

　文字を書く学習は、点むすび、なぞり書き、視写、聴写といった流れが一般的です。また、実際に自分がイメージした文字を再現するのが苦手な場合は、複数の選択肢から適切な文字を選ぶマッチング課題なども有効です。

　逆さ文字が見られる子どももいます。逆さ文字は学習障害の特徴のように考えられがちですが、幼児期にはよく見られます。また、偏と旁（つくり）が逆になってしまう場合もあります。これらは、視覚短期記憶（見たものを覚えておく力）、空間認知などの認知発達との関連が指摘されています。

🍀 認知発達の特徴に合わせる

　認知発達の特徴は、WISC-Ⅳ、K-ABCなどの知能検査、認知アセスメントによって理解しやすくなり、指導のヒントがみつかる場合があります。たとえば、継次（けいじ）処理（順番に処理する能力）が苦手な子どもは、書き順通りに書かせることを強要すると、かえって困難になる場合があります。同時処理が得意であれば、絵や写真など具体的なイメージから字を関連させて覚えさせたり、その逆に継次処理のほうが得意であれば、書き順をしっかり教えたり、文字書き歌のように、聴覚認知も使いながら覚えていくと効果がある場合があります。

　また、縦書きよりも横書きのほうが得意という子どももいます。イン

◎限局性学習症 / 限局性学習障害の診断基準◎

学習や学業的技能の使用に困難があり、その困難を対象とした介入が提供されているにもかかわらず、以下の症状の少なくとも1つが存在し、少なくとも6カ月間持続していることで明らかになる。

※「書くこと」に関する部分を抜粋

（3）綴字の困難さ（例：母音や子音を付け加えたり、入れ忘れたり、置き換えたりするかもしれない）

（4）書字表出の困難さ（例：文章の中で複数の文法または句読点の間違いをする、段落のまとめ方が下手、思考の書字表出に明確さがない）

出典：日本精神神経学会（日本語版用語監修），髙橋 三郎・大野 裕（監訳）：DSM-5精神疾患の診断・統計マニュアル．p.65, 医学書院, 2014

薔薇　　●左の漢字を読むことはできても、書いたり写したりできますか？

ターネットやパソコンでは横書きが中心であり、外国でもほとんどが横書き文化の中、日本では文章を読んだり、漢字練習をしたり、板書を書き写すのは国語の授業が基本で、縦書き中心の目の上下の動きになります。横にお手本をおいて、書き写したりしたほうが上手に書けるお子さんもいますので、配慮してみると効果的です。

　そして、文字を書くのが苦手な子どもの場合、字が丁寧ではないので叱られたり、怒られたりしがちです。すると余計に字を書くことが嫌いになってしまいます。そもそも、自分の字が汚いということを自己客観視できるようになるには、それ相応の認知発達が必要です。たいていは大人から叱られたり、それを見ている周りの同級生から同じように言われたりすることから傷ついたりします。字が丁寧ではないことも、認知発達の側面から見れば、視覚短期記憶や微細運動の発達の遅れなどが原因として考えられるので、叱ったり怒ったりすることはかえって逆効果です。漢字練習といった練習ではなく、友達に手紙を書くなど楽しみながら学習できると、動機づけを高く維持できると考えられます。

4-9 「書くこと」の発達②
文章を書けるようになるには？

「書くこと」の発達には、文字そのものだけでなく、単語や文章も入ります。頭の中のイメージを表現する機会を増やすことが大事です。

🍀 文章を書くために必要なこと

　ひらがなやカタカナ、漢字などの文字が書けるようになれば、作文も書けるようになるかといえばそうではありません。

　単語を書けるようになり、その単語と単語を結びつける助詞などの文法の学習が必要になります。「こんにちは」の「は」が「わ」ではないことや、「東京へ行く」の「へ」が「え」ではないことを学習する必要もありますし、接続詞の使い方も、文章をわかりやすくするため、必要になります。

　表現するという意味では、「話すこと」の発達も、頭の中のイメージをことばで表現するのでとても重要です。しかし、文章で表現する発達に関しては、「話すこと」の発達にプラスして、主語が必要であったり、文脈の表現が必要であったりします。そして、過去形や完了形、未来形といった時系列を表現する場合も、口語で話すよりも文法を必要とします。

　継次処理が苦手な子どもにとっては、時系列の表現が難しかったりするので、思いついたことを文章で表現すると、脈絡がなくなってしまうときもあります。句読点や段落の使い方だけではなく、帰納法（事実を積み重ね、結論を最後に述べる方法）、仮説演繹法（仮説をつくり、それを検証していく方法）といった論理学なども学んでいく必要があります。

🍀 メール等は文字に親しむきっかけとなる

　近年は、携帯メールによるコミュニケーションが盛んになっています。読み書きが苦手な子どもも、簡単に文字によるコミュニケーションがで

◎話しことばと書きことば◎

> そもそも話しことば（口語）と書きことば（文語）は異なっていましたし、ロシア心理学（レフ・ヴィゴツキー、アレクサンドル・ルリアなどを中心とした心理学）では、話しことばは「生活的概念」、書きことばは「科学的概念」と区別しています。
>
> 生活的概念は、生活から学んでいくものであり、科学的概念は、学校などで学ぶものになります。
>
> つまり、文章を書くということは、学校で習い練習する必要があり、国語科の授業はそのためにも重要な役割を担っています。
>
> なお、障害のあるなしにかかわらず、パソコンのワープロソフトを使うことは、文字を書くのが不得意であっても、文章を構成、推敲するのにとても役立ちます。

き、楽しんで行なうことができます。

携帯メールでは、作文と違って口語体が多く、主語の省略などで誤解を生じさせたり、文脈や感情を伝えにくいという指摘もあります。しかし、絵文字を使うなどして、子どもたちは表現力を育てていることも多く、文字に親しむようになるきっかけとしては、十分効果があると考えられます。

インターネットの世界では確かに危険なこともありますが、メールだけではなく、ブログやSNSなど、自己表現の機会は広がっていると思います。それらを積極的に利用していくと、楽しみながら文章表現を学習していくことができるのではないでしょうか。

メールやブログでは、ことば以外にも写真を積極的に使えるようになりました。「何かを伝えたい」という気持ちを支えていくことが重要です。

4-10 「計算すること」の発達①
数や量の概念を理解する

計算の前に、数詞と数字と具体物の三項関係が成立するなど、数概念の発達を注意深く見ていく必要があります。

🍀 数概念の発達

　算数が苦手という子どもたちは、比較的多いと思います。算数が苦手ということが、すなわち「算数障害」ということにはなりませんが、数概念の発達に合わせた指導や支援をしていくことは、算数障害・発達障害の有無にかかわらず重要だと思います。

　数概念には、1、2、3といった数詞の学習、数そのものの比較や水1リットルと2500ミリリットルなどの量の比較、東京ドーム何個分といった面積の比較、1年は何時間かといった時間、菱形と平行四辺形の関係などがあり、抽象概念の礎になっていくと考えられます。しかしどちらが大きいか、どちらが多いかという問題に正しく答えられない子どももいます。それは単純に大小の比較ができないのではなく、お菓子を選ばせたら通常大きいほうや量が多いほうを取ることができるのに、「どちらが」という問題やそのことば自体が理解できない場合があります。

　なお、自閉スペクトラム症の特徴が強い子どもの中には、「BはAより小さいけれどもCよりも大きい」といった、相対的な大小を聞いた場合、絶対的な価値に関しては得意な記憶力を活かして得意だったりしても、相対的な関係はとても苦手という子もいます。

🍀 数と量のイメージ

　また、100までの数字は小学校1年生で習いますが、たとえば、「19800と6720のどっちが大きい？」と聞くと、6720と答える子どもが多いことがあります。これは、両方とも大きな数なので量としてのイメージがわかず、最初の19800ということばが頭から抜けてしまい、6720ということばを繰り返して言ってしまうからだと考えられます。

◎限局性学習症／限局性学習障害の診断基準◎

> 学習や学業的技能の使用に困難があり、その困難を対象とした介入が提供されているにもかかわらず、以下の症状の少なくとも1つが存在し、少なくとも6カ月間持続していることで明らかになる。
>
> **※計算に関する部分を抜粋**
>
> （5）数字の概念、数値、または計算を習得することの困難さ（例：数字、その大小、および関係の理解に乏しい、1桁の足し算を行うのに同級生がやるように数学的事実を思い浮かべるのではなく指を折って数える、算術計算の途中で迷ってしまい方法を変更するかもしれない）
>
> （6）数学的推論の困難さ（例：定量的問題を解くために、数学的概念、数学的事実、または数学的方法を適用することが非常に困難である）

出典：日本精神神経学会（日本語版用語監修）、髙橋 三郎・大野 裕（監訳）：DSM-5精神疾患の診断・統計マニュアル、p.65、医学書院、2014

　そもそも、大人も7、8個のものを見た目で数えられなかったりしますし、大きな数はことばでイメージするしかありません。そして、「何個ほしい？」と聞くと、いつでも「100」と答える子どもがいます。これは、実際に100個ほしいわけではなく、100がとても大きな数という意味で使っていることが多いようです。

　これらのように数と量のイメージが苦手だと、小数や分数など、よりイメージがわきにくい課題になるとつまずきは大きくなります。小学校3年生になると、分数の計算など、より抽象度が高い課題が増えますが、そこでつまずく子どもたちは、意外に多いといわれています。

　数詞（「イチ、ニ、サン」）と文字としての数字（1、2、3）と具体物（たとえば、りんごの数）の三項関係が成立することが数概念の初歩となります。

　ただ、数を数えたりすることが難しいのに、「みんなのコップを持ってきて」と言えば人数分を持ってきたり、「みんなの分のお箸を持ってきて」と頼んだ場合、お箸の数は人数×2になりますが、しっかりと持ってきてくれる場合があります。何ができないかより、何ならできるかといった視点からヒントは生まれると思います。

4-11 「計算すること」の発達②
足し算を行なう際のステップ

> 足し算を理解していくのには、5つの段階があります。数と量のイメージが安定していくことが重要です。

　算数といえば、まずは足し算をイメージすると思います。足し算には5つの段階があります。

　たとえば、「2＋3は5」と教えるときに、まずは「りんご2つとりんご3つを合わせていくつ？」といった問題を出し、実際に全部数えるのが①**全数え**と呼ばれる段階です。その次は②**数え足し**と呼ばれ、まず2までわかっているので、そのあと「3、4、5」と足されるほうのみを数えればいい段階です。③**交換則利用**の段階は、3＋5とあったときに、5＋3とやれば、片手の5本指で計算することができます。④**推論または合成・分解による操作**の段階では、たとえば7＋8だった場合、5＋2＋5＋3とすれば5＋5で10になるので、その他の計算を行なって、15という解を求めることができます。最後の⑤**記憶検索**の段階は、先ほどの例であれば、7＋8は15だと記憶してしまうことです。

　これらのうち、計算が苦手な子どもは、②の段階でつまずいている場合があり、数系列が分解・合成できていない段階だと考えられます。7＋1、8＋1など、「＋1」の理屈が理解できず、わざわざ数え直してしまう場合は、定規のような数直線を使って、同時処理的に理解させるとうまくいく場合があります。普段、カレンダーやデジタルではない温度計など、数字が順番に書かれている視覚的なものをヒントにしていくと、身につきやすいと考えられます。

🍀 順思考と逆思考

　引き算に対して足し算、割り算に対してかけ算といったように、算数・数学では、**順思考**と**逆思考**が必要になります。知能検査であるWISCなどの数唱（ランダムの数字を復唱する課題）で、順唱（順番通りに復唱する）は得意でも、逆唱（逆の順番に復唱する）は苦手な子どもがいま

◎順思考と逆思考◎

> 順思考①：りんごが3つありました。となりから新たに5つもらいました。合わせてりんごはいくつでしょうか？
>
> 逆思考①：りんごが3つありました。となりからりんごをもらうと全部で8つになりました。となりからもらったりんごはいくつだったでしょうか？
>
> 順思考②：りんごを1人で2つずつ食べます。4人家族では、全部でいくつりんごが必要ですか？
>
> 逆思考②：りんごが8つあります。4人家族では、1人いくつりんごを食べられますか？
>
> 　順思考と逆思考は対になっていますが、逆思考がイメージできないと、文章題などが苦手になります。

す。そもそも逆という概念自体が難しく、「手が逆だよ」と言われたときに、「表と裏が逆なのか、前後が逆なのか、右手と左手が逆なのか」がわからないようなことがあります。

　このような認知発達の特徴があるから算数が苦手ということも考えられますが、算数の課題を行なっていくことで、認知発達が促されていくということも考えられます。

　いずれにしろ大事なことは、本人の年齢ではなく、認知発達の状態に合わせた課題が準備されれば、本人はそれに合わせて学習を進めていくことができるという点です。

　その他、計算において困難を示す場合、空間認知が弱く、筆算の位取りが難しいことがあります。知能検査の1つである「田中ビネー式検査」では、三角形の模写が5歳児級の課題であり、菱形の模写は6歳児級の課題になっています。つまり平均的な発達でも、菱形の模写ができるのは小学校1年生レベルだと考えると、文字や図形の認知は大人が想像しているよりも難しかったりします。本人の認知発達に合わせた、マス目が入ったノートを使っていくことも重要だと考えられます。

4-12 推論の発達①

推論する力とは？

推論は、近年特に注目されている概念であり、知識だけではカバーできない概念です。

🍀 推論の意味

　一言で「推論」といってもなかなかイメージがわかないと思いますが、推論とは、**法則などを発見しながら次をイメージする力**だと考えられます。近年特に、推論する（Reasoning）力の発達は注目されており、認知発達そのものであったりします。

　自閉スペクトラム症や学習障害のある子どもたちの中には、単純な短期記憶や知識などの長期記憶が得意でも、短期記憶の操作や、類似点を探すなどの類推課題や推理課題が苦手だったりする子どもがいます。

🍀 推論の具体例

　まずは、類似概念の発達があります。これは、複数の刺激（例：みかんとりんご）の同異点（例：くだものは同じでも味や色は違う）を探すことが中心になります。

　また、男の子・女の子という概念も、小学校3年生ぐらいから強くなってきます。これは、逆に「男の子だから泣いてはいけない」とか、「女の子だからおとなしくてはいけない」といったステレオタイプ的な推論にもつながっていくと考えられますが、「きっと男の子だからサッカーが好きだろう」「女の子だからアイドルが好きだろう」という推論にもつながっていきます。

　つまり推論する力は、自分が経験していなかったり、自分に知識がなくても、未来を予測することができる力ともいえます。

　そして、推論する力は社会性にもつながっていきます。「自分はコーヒーが好きだから○○さんもコーヒーが好きだろう」と思うのも推論ですが、「自分は好きだけれども、相手はそうではないかもしれない」と

◎同異概念の発達◎

違う点	・おかず ・辛い	・デザート ・甘い
同じ点	・食べ物 ・おいしい ・洋食	・食べ物 ・おいしい ・洋食

では、「かぼちゃの煮物はどっちの仲間？」
という質問は、大人でも難しい推論になります。

思うのも推論です。社会性においても推論する力は、年齢が高まっていくと必要になっていきます。

算数の文章題が苦手という子どもたちの中には、推論が苦手ということもあります。文章題は、計算力を応用する力を試すものです。計算力も知識の1つとして考えれば、それを実際の生活に応用する際に、上手にその力を活かせない問題があります。

つまり、応用力も推論の力の一部と考えられます。たとえば、携帯電話はOSによって操作が若干異なるかもしれません。しかし、1つの操作を覚えれば、それを応用して他社の機械も操作できると思いますが、それが苦手なこともあるのです。

4-13 推論の発達②
ルールを理解する

未来を予測したり、仮説検証したりするなどの力も推論です。イメージを多用しながら推論の発達を促していくとよいでしょう。

🍀 ルールの理解も推論の1つ

　ルールの理解や解釈も推論の一部です。ただし、ルールを杓子定規に適応していくと、トラブルになる場合もあります。

　たとえば、「授業中は話してはいけない」という指示があった場合、話すのが目的のグループディスカッションの間、黙っている子どももいます。臨機応変ということばの理解が難しい方もいます。つまり、推論とは知識だけではカバーできない力だとも考えられます。

　一方、ルールを理解できなくて、トラブルを抱える場合もあります。トランプなどで「いつもあいつはズルをする」と言われ、ゲームに参加できないことも、発達障害がある子どもたちにはよくある話です。決してズルをしようと思ってやっているのではなく、ルールを理解できていないということがあるのです。

　また、因果関係と相関関係の違いを理解することができない場合は、正しくない情報に左右されることがあります。たとえば、身長と体重には相関関係がありますが、身長が伸びれば体重は増えるけれども、体重を増やしても身長は伸びません。そこで、「身長が伸びると体重は増える」というのは因果関係といえます。このような科学的思考や論理的思考には推論の力が必須であり、推論の力が不十分であるため、詐欺に引っかかってしまうという問題もあります。

🍀 推論を育てるには？

　疑問詞の5W1H（When、Where、Who、What、Why、How to）のうち、「What？」のように答えが絞られるものは得意でも、「Why？」や「How to？」のような、答えを説明しないといけないものは苦手な

◎ルールを理解していない例◎

　ババ抜きや神経衰弱は、同じカードを探すカードゲームです。「3のハート」と「3のスペード」が、数字の「3」つながりで同じということをまだ理解していない子どももいます。「3のハート」と同じカードは「3のハート」だからです。
　ルールを理解できないと、サッカーでボールを持ってしまったり、大富豪で「2」のあとに「3」を出してしまい、「ズルするなよ‼」「してないよ」などとけんかの原因になってしまうことがあります。
　そうなると、同級生と一緒に遊ぶことが難しい子どもたちもいます。

子どもがいます。
　苦手な部分を克服するためにも、まずは、類似概念を理解していく中で、仲間探しなどの課題を行なっていくとよいと思います。
　その後、なぞなぞ遊びのようなことば遊びをしていく中で、語彙を増やしたり、表現力を学習したりしていくとよいでしょう。
　学齢期に入ると、算数の文章題やさまざまなルールを理解していくことが必要とされます。その際にはなるべく絵や写真、関係図など視覚的にイメージできるような支援があると、わかりやすくなると考えられます。
　社会人であれば、マニュアル通りにしっかりと仕事を行なっていくことも大事ですが、応用力を活かしながらの試行錯誤学習も必要な力となります。失敗しても、後に成功すればいいということを学習していくことも大切な視点だと思います。

4-14 学齢前のLDの特徴と支援

学齢前は特に失敗から学ぶのではなく、成功から学べるように支援を多用し、教材・課題を工夫していく必要があります。

🍀 学齢前の発達には個人差がある

　もともと、学習障害の特徴は読み・書き・計算の学習の遅れなので、読み・書き・計算を学習する就学後が、支援の対象となっていました。

　しかし、聞く・話すなどのことばの発達に関しては、学齢前よりニーズ（支援の対象）を指摘されてきています。また、認知発達の偏りに関して、認知アセスメントツールであるK-ABCは2歳6か月からが対象ですし、日本版のWISC-Ⅳは5歳からが対象で、これらに対するニーズも学齢前から存在します。

　学齢前の発達には個人差があり、始歩（歩き始めること）が1歳から1歳6か月と書かれている教科書もあるように、ある程度の幅をもって発達を確認していく必要があります。また、低年齢であればあるほど月齢の差は大きく、同年齢集団においては、早生まれ（1月から3月生まれ）の子どもたちに不利な場面もあります。その点を配慮する必要があります。

　具体的には、集団で指示通りにみんなと同じ行動をとったり、数を数えたりする数概念、鉛筆やペンを使った運筆やハサミの使い方などの微細運動、鉄棒・マット・縄跳びといった粗大運動などが苦手な場合、認知発達に遅れや偏りがあると指摘されることがあります。

🍀 保護者への支援を前提とする

　認知アセスメントは、LDの早期発見・早期対応のためには大きな武器となりますが、保護者への支援を前提に行なわなければ、保護者の否認・拒絶など逆効果になる場合もあります。したがって、保護者支援を前提に子どもの遅れている部分と得意な部分を把握して、その得意な部

◎発達が順調な部分を活かす◎

> LDは、聞く・話す・読む・書く・計算する・推論するという能力のうち、特定のものの習得と使用に著しい困難を示す状態であるので、診断自体は、学齢後になるかもしれません。
>
> しかし、急に困難が見え始めるわけではありません。学齢前から、同年齢群との比較で発達がゆっくりな点が見られたりしています。
>
> 学習障害だから発達が遅れているのではなく、発達が遅れているため学習障害とされますから、大事な点は、学習障害・発達障害の有無にかかわらず、発達が順調な部分を活かしながら、発達が遅れているとされる部分全体の発達を促していくことです。

第4章 LDとは何か？

分を積極的に活かして、保護者が前向きに子育てを進められるような支援が必要になります。

　たとえば、学齢前のことばの発達は大人と比べれば大きな差があるわけですから、口頭の指示だけではなく、場所や場面などに対する視覚支援（子どもの好きなキャラクター・マークや、さまざまな色を使ったり、写真や絵で具体的にイメージできるようにしたり、さまざまな触覚を試せる教材を使うなど）を使っていくことが大切です。大人の常識として、失敗から学ぶということを重要視しがちですが、まだ認知がそれほど発達していなければ、失敗から学ぶ推論が発達していないことが考えられ、嫌な経験だけを記憶してしまいがちです。極力、成功して学べるようにすることが必要です。

4-15 学齢期のLDの特徴と支援

抽象概念の発達を考慮して、具体的に活躍できる場面を設定していくことが大切です。

🍀 抽象概念の発達

　小学校3年生になると、分数など、具体的に表わすことが難しい抽象概念を学ぶことが多くなります。

　読み書き障害がある子どもでも、中学年になる頃にはひらがな50音の読み書きは可能になるといわれていますが、その頃の平均的な発達をしている子どもはある程度の漢字も書けるようになっており、すでに学習についていけない状態になっています。

　また、抽象概念が育ってくると、性役割の差や学力差、運動発達差などの違いを理解し始めます。障害といった抽象概念も理解し始めるので、障害がある自分のきょうだいについて親に説明を求めるようになるのも、小学校3年生頃といわれています。

　差を理解し始めるため、仲間外れにしたり、障害がある人たちに対して否定的な発言をし始めることもあるということです。そしてLDの子どもたちは、できないことが悔しいという気持ちと、それをバカにされたり、大人から叱られることが悔しいという二重の困難さを経験することがあります。

　高学年になると、余暇や趣味などは大人と同じようになります。プロスポーツ選手や、歌手・役者などの芸能活動に関心をもったり、トランプなどのカードゲームでも、ポーカーや麻雀など複雑なルールを必要とするものに変わっていきます。

　しかし、LDと呼ばれる子どもたちの中には、それらに関心を示さない子どももいて、同年代の子どもたちと遊べなくなると、学校に行くことの楽しみが見出せなくなることがあります。

◎目に見えるようにする支援◎

　学齢期では、目に見えないものを頭の中でイメージできるようになる抽象概念の理解が重要になります。まずは、補助線を引くなど、目に見えるようにする支援が必要です。

「廊下に並びなさい」と言われても、廊下のどこに並べばいいのかわかりません。

下に線が引いてあると、そこに並ぶことができます。

🍀 得意なことを活かせる場面や環境を設定する

　学力面に困難さが出てくると、その他に運動や部活で活躍したり、友人関係で楽しいことが学校にない限り、学校へ行くことが苦痛になっていきます。したがって、学力支援などによって授業の理解が進み、学校が苦痛にならないようにしていくとともに、**その子どもの得意なことを活かせる場面や環境を設定していくこと**が、学齢期の支援として重要だと考えられます。

　たとえば、同学年と遊ぶのが難しければ、年上の子どもたちに配慮してもらいながら遊べる場面を設定したり、逆に、年下の子どもたちに対して、リーダー的な役割をもたせて遊べる機会をつくっていくことも必要だと思います。また、高齢者や障害がある人たちを対象としたボランティアなど、社会参加する役割を果たせる機会も有効かもしれません。

　いずれにしろ、ただ「がんばれ」といった抽象的なことばがけではなく、具体的に活躍がイメージできる活動に参加していけると素晴らしいと思います。

4-16 青年期のLDの特徴と支援

> 高校・大学では、苦手なことと得意なことをしっかりと把握して、その人に合った学修を選んでいく必要があります。

🍀 高校・大学では得意なところを中心にする

　小・中学校は義務教育ですが、高校・大学は義務教育ではありません。小・中学校には、通常学級、通級指導教室、特別支援学級、特別支援学校と、ニーズに合わせて学級・学校を選べますが、高校では普通科・総合科・専門学科（工業科・農業科・商業科等）など異なる学科形式があります。

　また、高校にはまだ特別支援学級はないものの、特別支援学校高等部、高等支援学校といった特別支援学校があります。教育課程では、全日制課程、定時制課程、通信制課程があり、学年制・単位制といった区分もあります。

　LDの特徴は認知発達の遅れや偏りなので、苦手なところと得意なところに差がある点にあります。したがって、小・中学校では、苦手なところや得意なところは満遍なく丸く発達することが期待されますが、高校・大学では、得意なところを中心に据えることができます。

　中学校時代に不登校を経験した生徒にとっては、毎日の通学には敷居が高いことがあります。その場合には、一日に在学する時間が短い定時制や、毎日通学する必要がない通信制を利用しているLDの生徒も多くいます。

🍀 不登校でも徐々に通えるようになることがある

　不登校の原因を保護者の甘やかしととらえる場合があります。しかし、中学校ではほとんど学校に通えなかったけれど、高校になってからはだんだんと通えるようになるという例も多くあります。

　これは、保護者の接し方が変わったので高校に行けるようになったと

◎苦手・得意なことを把握できるよう支援◎

> 　誰しも、苦手なことをがんばるのは辛いことです。でも、逆に得意なことをがんばるのは楽しいことです。
> 　青年期になれば、両親や先生など他人の指示をそのまま受け入れるのは難しくなります。
> 　そうであれば、本人の苦手なことと得意なことを把握できるように支援して、学生自身で自分に合った進路を選べるように応援していくことが重要になります。

は考えにくく、新規でがんばろうとするモチベーションの違いや、専門学科など具体的に何を学ぶかが明確になったということ、本人の認知発達などが理由として考えられます。

いずれにしても、抽象概念は苦手でも、「具体的に何をすればいいのか」という点が明確になれば、LDと呼ばれる生徒も前向きに取り組むことができます。

近年は、星槎(せいさ)国際高校のように、学習障害をもつ生徒を積極的に受け入れる学校も増えています。子どもを学校に合わせるのではなく、学校がさまざまな子どもたちのニーズに合わせていくということが望ましく、高校の選択の幅が広がっていくことは望ましいと考えられます。

🍀 支援をしようとする大学が増えてきた

高校よりも大学のほうが、より自分の得意なことを専門にする選択肢が増えます。大学にも、全日制や二部・夜間・昼夜開講制、通信制があり、単位制が基本ですので、在学期間も高校より融通がきくようになります。

学生の自主性を重んじる大学教育でも、近年はLDだけではなく、発達障害全般に対して支援を行なおうとするところが増えてきました。職業や自立につながるよう、学生自身のペースで学修していくことが大事であると考えられます。

認知処理過程とは？

　現在、発達障害の判定には、「WISC-Ⅳ」などの知能検査や、「K-ABCⅡ」「DN-CAS」といった認知発達検査などが用いられています。

　「WISC-Ⅳ」の特徴は、「知能」を言語理解（推理、理解、概念化を利用した言語能力を測定）、知覚推理（非言語的、視覚的、推理能力を測定）、ワーキングメモリー（注意・集中力や思考コントロール力を測定）、処理速度（知的処理速度や書字運動処理速度などを測定）という4つの指標得点で、認知発達のバランスを見ていることです。

　「K-ABCⅡ」では、継次尺度（時間的順序のある刺激〔情報〕の処理能力を測定）、同時尺度（刺激を同時に統合する能力を測定）、計画尺度（柔軟性や衝動をコントロールする能力を測定）、学習尺度（注意・計画など総合的に関わっている能力を測定）といった認知尺度を用いています。

　「DN-CAS」の場合は、プランニング（問題解決の方法を決定・設定する過程）、注意（特定の刺激に対して必要なものに注意を向ける過程）、同時処理（分割された複数の刺激をまとめる過程）、継次処理（系列的順序で刺激を統合する過程）といった尺度で認知発達のバランスを見ています。

　認知発達のバランスを見ることで、本人の苦手なところと得意なところを把握しながら、読み書き計算などの学習を合理的に進めていくことが可能になります。これは、スポーツテストで運動能力を測ることによって、野球などのスポーツ能力の向上を目指すことをイメージしていただければと思います。そして、このような認知アセスメントテストの数が増えれば増えるほど、それらが得意な子と苦手な子が発見されます。100m走や200m走、マラソンといった種目があれば、それぞれに足の速い人と遅い人が決まるのと同じです。

　認知アセスメントテストは、学習障害などの発達障害を発見することのみが目的ではありません。障害の有無にかかわらず、1人ひとりの認知発達を把握し、合理的な学習を進めていくことが目的となります。

第5章

知的障害とは何か？

5-1 知的障害の特徴①
知的障害とは?

> 知的障害は、知的機能の遅れ、適応機能の遅れ、18歳未満の発症が条件となっています。

🍀 知的障害と他の発達障害との明確な線引きはない

　知的障害とは、知的機能の発達の遅れ、社会性など適応機能の遅れ、18歳未満の発症という3つの条件がそろったときに診断される総称的な障害です。

　しかし、発達障害者支援法における発達障害には、知的障害がふくまれていないとされます。ですが、臨床的には知的障害も発達の遅れで発達障害の1つであり、発達障害者支援法で発達障害とされている「広汎性発達障害」には、知的障害の範疇にある人も多くいます。

　また、全般的な知的発達の遅れはないが部分的な認知の発達の遅れがある場合を「学習障害」と定義していたり、全般的な知的発達の遅れではなく行動面にニーズ（支援の必要性）がある「ADHD」や、社会性にニーズ（支援の必要性）がある「自閉スペクトラム症」などと診断されている子どもの中にも、適切な支援を受けることができず、発達全体が遅滞した場合には、高学年になり知的障害があると診断を受ける場合もあります。

　つまり、知的障害とその他の発達障害においては、明確な線引きができるわけではありません。

🍀 知的障害の診断法

　アメリカ精神医学会の診断統計マニュアル第4版（DSM-ⅣTR）では、知的障害ではなく「精神遅滞」という名称を使っていましたが、DSM-5では、精神遅滞から「知的障害」と名称変更されました。

　精神遅滞の定義を行なってきたアメリカ精神遅滞協会（AAMR）も、2007年1月にアメリカ知的発達障害協会（AAIDD）に名称が変わった

◎知的能力障害（知的発達症 / 知的発達障害）の診断基準◎

> 知的能力障害（知的発達症）は、発達期に発症し、概念的、社会的および実用的な領域における知的機能と適応機能両面の欠陥を含む障害である。以下の3つの基準を満たさなければならない。
>
> A．臨床的評価および個別化、標準化された知能検査によって確かめられる、論理的思考、問題解決、計画、抽象的思考、判断、学校での学習、および経験からの学習など、知的機能の欠陥。
>
> B．個人の自立や社会的責任において発達的および社会文化的な水準を満たすことができなくなるという適応機能の欠陥。継続的な支援がなければ、適応上の欠陥は、課程、学校、職場、および地域社会といった多岐にわたる環境において、コミュニケーション、社会参加、および自立した生活といった複数の日常生活活動における機能を限定する。
>
> C．知的および適応の欠陥は、発達期の間に発症する。

出典：日本精神神経学会（日本語版用語監修），髙橋 三郎・大野 裕（監訳）：DSM-5精神疾患の診断・統計マニュアル．p.33，医学書院，2014

ように、精神遅滞を知的障害と呼ぶようになってきています。日本でも、1999年に精神薄弱という用語を知的障害と呼ぶよう法律が改正されています。

DSM-5におけるIntellectual Disability（Intellectual Developmental Disorder）は、知的能力障害（知的発達症、知的発達障害）と訳されており、その定義は、「発達期に発症し、概念的、社会的および実用的な領域における知的機能と適応機能両面の欠陥を含む障害である」とされています。

したがって、知能検査の数値だけではなく、社会性などの適応機能の困難さを同時に満たした場合に、知的障害と診断されます。しかし、現在、適応機能の発達を測る標準化された検査は多くはなく、ほとんどの場合が田中ビネー式検査、WISC-Ⅳなどの知能検査、K式発達検査などの知能指数・発達指数で知的障害が診断されています。

5-2 知的障害の特徴②
ことばの発達と記憶について

短期記憶は苦手かもしれませんが、イメージができ、体験で学習することによって、知識や長期記憶を増やしていくことができます。

🍀 ことばの発達の遅れ

　前項で説明したように、知的障害の大きな特徴は知的発達が遅れていることです。その遅れがどれほどなのかを評価するのが知能検査や発達検査ですが、さまざまな検査があることからもわかるように、「知能」を定義するのは大変に難しいことです。

　現在は、単純な記憶力よりも、記憶をどのように使っていくかといった「推論」などが重要視される時代になってきているように、時代によっても必要とする知能に違いはあります。

　知能検査のほとんどはことばによって行なわれますので、ことばの発達が遅れていると不利で、知能指数（IQ）が低く判定される場合が考えられます。

　逆に知能指数が低いということは、ことばの発達に遅れがあるとも考えられます。ことばの発達が遅れていれば、同年齢集団においては、大人や子どもたちからの指示・教示、働きかけの理解に困難を生じる場合もあり、せっかくの学習機会を逸しているとも考えられます。

🍀 記憶の種類

　知的・認知能力の１つの基準として記憶があり、**短期記憶**と**長期記憶**に分ける方法があります。

　短期記憶は、電話をかけるときに番号を覚えておくなど数十秒間は覚えている記憶で、長期記憶はエピソード記憶（自分が経験した記憶）や意味記憶（一般的な知識）、手続き記憶（運動などの記憶）といった忘れにくい記憶です。

　短期記憶には、数などの抽象的なものや、具体的なもの（パンと牛乳、

◎記憶の種類◎

それぞれの記憶に苦手な人と得意な人がいます。

短期記憶	リハーサル（繰り返しイメージすること）などの処理がされないと、15秒から30秒ほどで消失してしまう記憶。
長期記憶	「手続き的記憶」と「宣言的記憶」に分けられる。また、宣言的記憶はさらに「エピソード記憶」と「意味記憶」に分けられる。脳損傷などの特別の事情がない限り、ほぼ永久的に保存される記憶。
手続き的記憶	たとえば、自転車に乗る、スケートですべるなどの一連の手続きに関する非言語的記憶。
エピソード記憶	時間的・空間的文脈の中における個人的なエピソードに関する記憶。たとえば、ハワイのレストランで大きなハンバーガーを食べたなど。
意味記憶	一般的な知識。たとえば、アメリカの首都はワシントンDCである。北海道の冬は寒いなど。

参考文献：『グラフィック認知心理学』森敏昭他著、サイエンス社

チーズ、ハム）など違いがあり、知的障害がある人たちは、短期記憶が特に苦手だといわれています。しかし、経験したり、体験したことの記憶はそれほど苦手ではなく、長期記憶は苦手ではないのではないかともいわれています。

したがって、抽象的な指示ではなく、具体的でわかりやすい指示や教示などで、本人にとってイメージしやすいことであれば、長期記憶・知識を増やしていくことができると思います。

5-3 知能指数とは？

> 知能指数は、同年齢集団の相対比でしかありません。数値ではなく、「何ができなくて、何ができるか」を把握することが大事です。

　知的障害を判定するためには、知能検査で測られた「知能指数」が基準になり、就学指導や学習障害との判別においても、知能指数が基準になったりします。

　しかし、近年は測定誤差をしっかりと表記するようになり、測られた数値にある程度の幅をもってとらえる必要性が指摘されるようになりました。したがって、IQが70を下回ったか上回ったかだけが絶対的な価値ではない、という理解が必要になります。

♣ 偏差知能指数とは？

　「知能指数（IQ）は、精神年齢（MA：Mental Age）を生活年齢（CA：Chronological Age）で割ったもの」と説明されることが多いですが、この方式では、生活年齢が高くなるにつれて低い値が多く出現し、解釈が難しくなるという問題があります。

　そこで知能検査のWISCでは、平均を100、標準偏差を15とした偏差知能指数（DIQ）が用いられており、田中ビネーVでも14歳以上は偏差知能指数を用いることになっています。

　さて、この偏差知能指数は正規分布（平均値に出現率が高くなる分布）を描くように調整されています。IQが100以上のものの出現率は50％であり、100以下の出現率は50％になります。IQが70以下の出現率は約2.3％であり、130以上の出現率も約2.3％以上となります。

　知能指数ではイメージがしにくいので、17歳男子の平均身長で考えてみます。平均身長は170.7cm、標準偏差は5.80cm（「平成26年度学校保健統計調査」文部科学省）、159.1cm以下の出現率は約2.3％であり、定義上、低身長となります。しかし、162cm・163cmの男子は低身長ではないですが、身長に対して悩みがないとは言い切れないと思います。

◎標準得点と正規分布◎

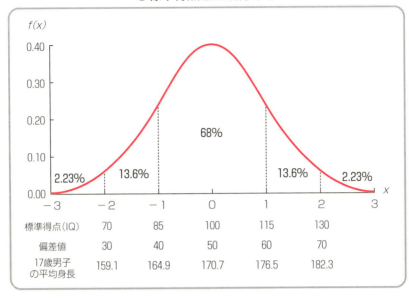

　さて、現在159cmの17歳の男子は、今の定義では低身長になりますが、100年前では、低身長ではないことは想像できると思います。それと同じように、田中ビネーVのマニュアルには、「知能検査の標準化の意義として、現代の子どもたちは口先が達者であるが手先が不器用であったり、バーチャルな世界観しかもたないから人の痛みがわからないなどと評されているが、ほとんどの問題で加速化現象が見られ、1987年版の田中ビネー式検査よりも、現代の子の知的発達は促進していることが検証された」（著者要約）と書かれています。

　このことは、現在のIQ70の子どもとかつてのIQ70の子どもを比較すれば、現在のIQ70の子どものほうが認知能力は高いといえますし、その高い能力をもっていても、現代では知的障害の範疇に入ってしまいます。

　また、近年は低出生体重で生まれる子どもたちの数も増えています。生活年齢は誕生日を基準とするので、その場合、知能指数で比較すれば、不利な点も十分考慮される必要があります。

5-4 ダウン症の特徴

> ダウン症の多くは、21番目の染色体が3本あるトリソミー型です。発達はゆるやかですが、対人面などいいところがいっぱいあります。

染色体異常の疾患の1つ

　知的特別支援学校では、「自閉スペクトラム症」や「ダウン症」と診断された児童・生徒、原因が明確ではない場合の「精神遅滞（「DSM-5」より知的障害に名称変更）」、もしくは「知的障害」と診断された児童・生徒が多く在籍しています。そのうち自閉スペクトラム症については前述しましたので、この項目ではダウン症を説明します。

　ダウン症は、最初に報告したイギリスのジョン・ラングドン・ダウン医師の名前がつけられた疾患で、染色体の突然変異によって、21番目の染色体が通常2本のところ3本ある「トリソミー型」が大多数を占めています。

　筋緊張が弱く、首の座りやお座り、ハイハイ、始歩などの運動発達や心疾患、ことばの発達、知的・認知発達が遅れる場合がありますが、ダウン症と診断されたから知的障害であるとは必ずしも限りません。また、音楽やダンスが大好きで、人懐っこく、愛らしい存在であることも多く報告されています。

ダウン症への支援

　ダウン症だからといって、特別な指導法があるわけではありません。ただ、ダウン症かどうかは生まれてすぐに診断が可能です。早期に判明すれば早期の支援が可能ですし、早期支援はとても重要なことになります。

　特に保護者の方は、出産時に告知されることによってショックを受けることがあります。しかし、1つひとつ成長していく過程を見ていくことによって、子育ての素晴らしさを感じていくことも多く、保護者の方

◎ダウン症の特徴◎

- 21番目の染色体が3本あるトリソミー型が大多数。その他に、モザイク型、転座型（染色体の一部が移動している型）などがあります。
- 筋緊張が弱く、運動発達や知的・認知発達が遅れることもあります。
- 心臓疾患をもつことがありましたが、今は手術可能であり、医療や療育、教育などの発展により、家庭や社会で生活しています。

　DSM-5（アメリカ精神医学会の診断基準）での知的障害のとらえ方が変わってきているように、知能指数だけではなく、社会的適応が重要視されるようになりました。

　ダウン症の方の中にも、自動車免許を取得したり、結婚していたり、適切な支援を受けながらも、自立して社会生活を営んでいる方も増えています。障害名で判断するのではなく、個人の発達に合わせた支援が重要です。

出典：公益財団法人 日本ダウン症協会HP（http://www.jdss.or.jp/index.html）をもとに作成

への支援も重要と考えられます。

　「ダウン症だから自閉症ではない」と考えられることも多くありますが、言語・認知の発達が遅れれば、常同行動が見られたり、社会性にニーズを生じる場合もあります。

　「ダウン症の子どもたちは頑固だ」ともいわれたりしますが、それも見立て（予測）が不十分なため、結果的に、ものごとにこだわってしまう状態になっている場合もあるので、上手にほめながら、イメージの幅を広げていくことができると素晴らしいと思います。

　また、その人懐っこさを積極的に活かしていくことでコミュニケーションの発達を促していくことができます。筋緊張が弱いため舌の運動が上手ではなく、構音の問題を生じたり、聴覚や視覚のニーズがある場合もありますが、専門家と上手に連携しながら、いいところを伸ばしていく子育てが望まれます。

5-5 学齢前の知的障害の特徴

> 早期支援には、保護者支援の観点も欠かせません。最も身近な保護者に対して、ポジティブな見立てを提供できることが大切です。

　障害は重ければ重いほど、早期に発見されます。したがって、障害の重い知的障害のほうが学習障害やADHDなどより早く発見され、早くからの支援が重要になります。

　早期支援の場合は、子どもだけではなく、保護者への支援（カウンセリングや支援方法の研修など）も非常に重要です。なぜなら、低年齢であれば保護者と過ごす時間が大半であり、また、早くからその子どもの発達に合わせた支援ができれば、子どもたちの発達の可能性は大きく広がるからです。

　見立てがないと不安定になるのは、自閉スペクトラム症の子どもたちだけではなく、その他の子どもたちもそうですし、保護者や教師といった大人も、自分の子育てイメージや教育イメージが崩されたときに大きな不安を感じます。

　この点は、逆に正しい知識をつけることで、「どのように育てていけばいいのか」という視点をもち、育てていく中での喜びや楽しみといったポジティブな見立てができるようになれば、不安も減少していきます。

　なお、発達経過表（子どもの発達を図示したもの）はできないことの羅列にもなり、次への課題の見立てにもなります。ですから、できないことを嘆くより、できることが1つでも増えていくことを一緒に喜べると素敵だと思います。

❀ 早期発達支援の内容とは？

　現在、市町村に「発達支援センター」といった施設が増えており、さまざまな情報を交換する場としても大きな役割を担っています。学齢前では、早期発達支援機関とは別に障害児保育を行なっている保育所や、幼稚園で集団教育をしてくれるところも増えてきました。

◎市町村における障害児を対象としたサービス◎

市町村		
障害児通所支援	児童発達支援	児童福祉施設として位置づけられる児童発達支援センターと児童発達支援事業の2類型に大別されます。 さまざまな障害があっても身近な地域で適切な支援が受けられます。 ①児童発達支援センター 　通所支援のほか、身近な地域の障害児支援の拠点として、「地域で生活する障害児や家族への支援」「地域の障害児を預かる施設に対する支援」を実施するなどの地域支援を実施します。 ②児童発達支援事業 　通所利用の障害児に対する支援を行なう身近な療育の場です。
	医療型児童発達支援	
	放課後等デイサービス	学校就学中の障害児に対して、放課後や夏休み等の長期休暇において、生活能力向上のための訓練等を継続的に提供します。 学校教育と相まって障害児の自立を促進するとともに、放課後等の居場所づくりを推進します。
	保育所等訪問支援	保育所等を現在利用中の障害児、今後利用する予定の障害児に対して、訪問により、保育所等における集団生活の適応のための専門的な支援を提供し、保育所等の安定した利用を促進します。

出典：「全国社会福祉協議会 障害福祉サービスの利用について 平成26年度4月版」
（www.mhlw.go.jp/file/06-Seisakujouhou-12200000.../0000059663.pdf）より作成

　子どもたちがことばや社会性を学習するためには、大人から学習するよりも、子ども同士で学習する重要性もあります。「モデリング」と呼ばれる、他者のまね（たとえば、他の子がおもちゃで遊んでいるのをまねすること）をすることで学ぶことはとても多いので、その子どもの発達に合わせた集団活動も、今後重要になっていくと考えられます。

5-6 学齢期の知的障害の特徴

本人の認知発達に合わせた教育支援が必要です。就労など、長期的な視点も必要とされています。

🍀 インクルージョンという考え方

　学齢期で最も大切なことは、学校・学級選びです。**インクルージョン**（障害のあるなしにかかわらず、1人ひとりのニーズに合わせた教育・社会を目指す理念）という考え方が日本でも浸透してきました。

　インクルージョンが目指しているものとして、「どれだけ障害が重くても、通常学級で障害のない子どもたちと同じように学ぶことが大事だ」と考える方もいます。しかし、インクルージョンは学習権の保障とも考えられ、1人ひとりのニーズに応じた教育を受ける必要性を指摘しているものです。現在の状況では、特別支援学級や特別支援学校における教育がその子どもの発達を最も促せるのであれば、それを積極的に活用していく必要もあると考えられます。

　特別支援学級の教員定数は、児童・生徒8名に対して教員1名であり、特別支援学校では、児童・生徒6名に対して教員が1名になります。つまり、予算措置の観点からいえば、特別支援学級より特別支援学校のほうが恵まれているとも考えられます。

　ただ、従来のように特別支援学級や特別支援学校が通常学級とまったく別のものになっているのも、インクルージョンとは呼べません。今後、通常学級、特別支援学級、特別支援学校のシームレス化（往来が自由にできるように壁がなくなること）が目指されると思います。

　近年では、個別の支援計画ということで、就学時にも就労をふくめた長期的な計画を作成することになっています。保護者や本人の希望に合わせた支援を考える中で、医療機関や教育機関、学校選びも重要になっていきます。

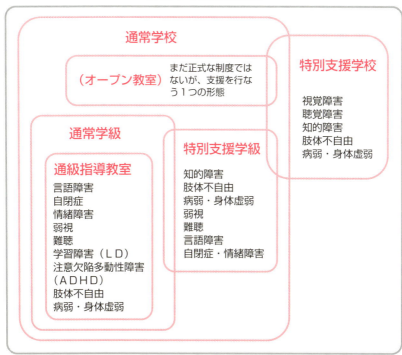

🍀 認知発達に合わせて一歩ずつ進める

　小学校低学年のうちは、社会科と理科が生活科と呼ばれているように、生活体験学習を中心に学習していきます。通常学級においては、教示が理解できなくても周りの子どもたちの様子を見ながらついていくことができたりしますが、3年生になると、分数など扱う内容の抽象度が高くなり、見よう見まねではなかなか理解できなくなるのも事実です。

　また、できないことをやらされても集中できないのは当たり前です。できないことをがんばるのは大変ですが、逆に自分の好きなことやできることをがんばることはできます。認知発達に合わせた課題を一歩ずつ進めていくこと（スモールステップ）が大切です。知的障害だから抽象概念が理解できないのではなく、抽象概念の理解が苦手だから知的障害の範疇に入っているとも考えられます。具体的なイメージをつかみながら、一歩ずつ抽象概念の理解を進めていく必要があります。

5-7 青年期の知的障害の特徴

「知的障害だからできない」ということはなく、「どのような支援があれば、何ができるか」といったポジティブな視点が大事です。

🍀 余暇活動を行なうことが注目されている

　養護学校が義務化された1979年以後、多くの養護学校の卒業生が社会人として生活しています。青年期においては社会的に自立することを目指し、就労することが大きな課題となります。しかし、希望の仕事に就けるチャンスはそれほど多くないうえ、就労そのものを継続することが難しかったりします。

　もし、「我々はなぜ仕事をしなければならないか」と問われれば、「生活をしていくため」と答えるかもしれません。そして、そのためにはある程度のがまんをしなければならないですし、自分の趣味を続けるためなら、つらい仕事も耐えられるかもしれません。

　しかし知的障害の場合は、その認知発達の特徴から、お金の概念や「お金で何ができるか」について理解することにニーズ（支援の必要性）がある場合もあります。

　また、推論の発達が遅れていれば、将来の夢のために働くということをイメージするのも難しい場合がありますし、夢と現実とのギャップを理解することが苦手であれば、自分がやりたい仕事とできる仕事との間に差が出てきてしまうかもしれません。

　そこで、学齢後の生涯学習という観点で、しっかりと余暇活動（本人にとって自由な時間の過ごし方）を行なっていくことが注目されています。たとえば、東京学芸大学附属特別支援学校の卒業生が中心となった「若竹ミュージカル」といった活動や、東京学芸大学で行なわれている公開講座などもあります。

　お金のため、生活のためといった抽象的な目的から一歩進めて、「何かをしたいために仕事もがんばる」といった前向きな姿勢を応援してい

◎知的障害をもつ人の進路◎

区分	計	大学等進学者 (A)	うち大学・短期大学の通信教育部への進学者を除く進学者	専修学校（専門課程）進学者 (B)	専修学校（一般課程）等入学者 (C)	公共職業能力開発施設等入学者 (D)	就職者	左記以外の者	不詳・死亡の者	「左記以外の者」のうち社会福祉施設等入所、通所者数（再掲）
知的障害	16,566	70	69	14	8	237	5,145	11,064	28	10,636
	%	0.4	0.4	0.1	0.0	1.4	31.1	66.8	0.2	64.2

出典：文部科学省学校基本調査「平成26年度初等中等教育機関・専修学校・各種学校《報告書掲載集計》卒業後の状況調査特別支援学校（高等部）、2014年12月19日公表」より作成

区分	計	児童福祉施設	障害者支援施設等	医療機関
知的障害	10,636	152	10,388	96
	(%)	1.4	97.7	0.9

出典：「同『左記以外の者』のうち社会福祉施設等入所、通所者数（再掲）」より作成

なお、障害者支援施設等には、就労継続支援Ａ型、就労継続支援Ｂ型、小規模作業所、地域活動支援センターなどがあります。

くことが重要だと思います。

🍀 生涯発達支援が必要

　知的障害のお子さんをもつ両親から、「自分の子どもより長生きをすること」といった希望を聞くことがあります。自分が元気なうちは支援できますが、その後の支援を心配してのことです。

　知的障害がある人たちの加齢に関する研究も注目されており、従来の学齢前・学齢期だけではなく、生涯を通した「生涯発達支援」が必要になります。

　支援を受けながらも自立して、新しい家族をもつこともできます。知的障害だからできないのではなく、「どのような支援があれば、何ができるか？」といった視点が大事だと思います。

ピープル・ファースト運動

　知的障害がある人たちの当事者活動を、「セルフアドボカシー運動」と呼びます。1974年には、アメリカ合衆国のオレゴン州で「セルフアドボカシー会議」が行なわれました。それまで"Retarded（遅滞）"や"Handicapped（ハンディキャップ）"と呼ばれていたことに対し、参加者の1人が、"I want to be treated like a person first."（私は、まず人間としてみなしてほしい）と述べたことから、「ピープル・ファースト運動」が全世界で始まりました（https://www.peoplefirst.org/）。

　かつて、障害がある人たちは"Disabled person"と呼ばれていましたが、現在では、"Person with disability"や"Person with special needs"のように、まず人が先で、その後特徴を付随して呼ぶようになっています。

　これらの意味を訳すのは難しいですが、「障害者」という存在が健常者とは別にいるわけではなく、同じ人間だけど、たまたま「障害」をもった状態があるだけという意味です。日本語でも、「障害者」より「障害のある人」という表現が増えてきていると思います。

　そのように考えると、障害者権利条約は"Convention on the Rights of Persons with Disabilities"の訳ですが、「障害のある人たちの権利条約」のほうが適切な訳し方だったのかもしれません。

　現在の社会には、障害以外にも解決していかなければならないさまざまな差別があります。たとえば性に関していえば、男性・女性という異なった存在があるわけではなく、同じ人間であり、そこに特徴として性の違いがあるだけだと考えられます。したがって、性別によって教育の権利や公民権が制限されるのは差別であると考えられます。また、人種・国籍・年齢などのカテゴリーで区別され、受験資格が得られなかったり、サービスを受けられなかったりという差別は、まったく合理的ではありません。ピープル・ファーストは、強者・弱者といった二元論の考え方に一石を投じたのではないでしょうか？

第6章

発達障害を対象とした支援方法

6-1 さまざまな支援プログラムがある

発達障害に対しては、さまざまな支援プログラムがあります。近年では、エビデンスに基づいているかが重要概念になっています。

🍀 エビデンス（科学的事実）に基づいたプログラム

　発達障害に対しての指導・支援プログラムには、さまざまな種類があります。また、インターネットなどで検索すると、「発達障害が治った」などの記述が見られることがあります。ただ、そのまま信じてもよいのでしょうか？

　原因が明確な疾患であれば、その原因に対しての治療方法が明確であったりしますが、発達障害は明確な原因が明らかになっておらず、常に対症療法（原因を直接治すのではなく、表出している問題に対応すること）が中心です。しかし、対症療法の場合は、その効果が表われたのか否かという判断が難しいことが課題になっています。

　特に、発達障害の場合は発達の遅れということですから、プログラムが何も行なわれなかったとしても、遅いながらも発達はしていくことがあり、そのプログラムの効果で治ったのかどうかはわかりません。

　臨床的には、そのプログラムを利用した本人やその家族が「効果があった」と満足すれば、そこにエビデンス（科学的事実）が仮になかったとしても問題はないと思います。

　しかし、そのプログラムを用いることで逆効果があったり、他人に強くすすめるようになったりするなど、むしろ社会に悪影響を与えてしまうようなプログラムの場合には、慎重さが必要になるでしょう。

　そこで、医学や臨床心理学では、1つの目安として、**エビデンスに基づいた実践**を重要視するようになってきました。

🍀 発達障害に対してのプログラム

　自閉スペクトラム症をはじめとする発達障害に対してのプログラムで

◎エビデンスに基づいたアプローチとは◎

アメリカ心理学会(American Psychological Association: APA)では、エビデンスに基づいたアプローチを以下のように定義しています。

エビデンスに基づいた心理学の実践とは、患者の性格、文化、選択の中で行なわれる、臨床的専門性と、最善の研究とを統合したものである(筆者訳)。

※APA：
http://www.apa.org/practice/guidelines/evidence-based-statement.aspx

また、障害者権利条約(障害がある人たちの権利条約)では、合理的配慮(Reasonable Accommodation)の否定も差別にふくむとされるようになっています。

今後、「合理性」という言葉がキーワードになります。つまり、障害がある人たちへの支援に関しても、エビデンスに基づいた合理的な配慮が今後さらに必要になっていくと考えられます。

は、TEACCH(Treatment and Education of Autistic and Related Communication handicapped Childrenの略)プログラムやロヴァス法、RDI(Relationship Development Intervention)、PECS(Picture Exchange Communication System)などが有名です。

次項では、上記のロヴァス法やPECS、そして0歳から6歳までの発達を前提にした早期教育プログラムであるポーテージプログラム(136ページ参照)の理論背景にある「応用行動分析学」についてまとめたいと思います。

6-2 応用行動分析学とは？

応用行動分析学の基本は、行動は性格や障害、○○力が原因ではなく、「個人と環境の相互作用」と考えることです。

応用行動分析学とは、障害がある人たちを対象としているわけではなく、また、問題行動の対処法専門というわけでもありません。言語の学習や計算、文字の読み書きといった教科学習にも応用されている心理学の1つの考え方になります。

ここで、授業に集中できずに離席をすることが多い子どもがいたとします。このような場合、一般的には集中力がないから離席をするとか、ADHDだから離席をすると考えることが多いと思います。

しかし、本当に集中力がないから離席をしたり、ADHDだから離席をするのでしょうか？　そこで、「なぜADHDだとわかったのか？」と質問すると、「離席したから」という返答があり、「どうして離席したのか？」と聞くと、「ADHDだから」と説明が循環することがあります。

応用行動分析学の基本には、**常に行動は個人と環境の相互作用**と考え、行動の原因を障害や集中力という、具体的に観察することができない「仮説構成概念」のせいにはしないという特徴があります。離席が多いからADHDといわれるだけであり、ADHDを治すことではなく、子どもが離席をせずに、授業に積極的に参加することが私たちの目標になります。

🍀 ABC分析という考え方

応用行動分析学の基本として、「**ABC分析**」（次ページ図表参照）という考え方があります。我々は、子どもたちに何かを学習させようとするときに、先行刺激（行動を引き起こす刺激）をどのようにすればいいのかだけに力を注ぐ場合がありますが、言語が発達していなければ、いくら言語教示をしたとしても通じません。

しかし、人間の行動の大半はオペラント行動（後続刺激〔行動の結果、環境から得られる刺激〕によって頻度が増減する行動のこと）であり、

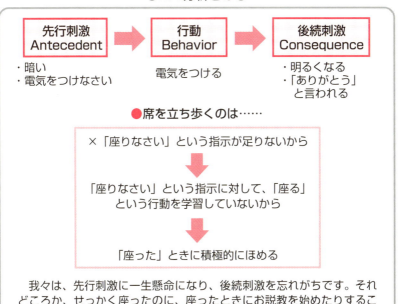

　先行刺激よりも後続刺激が大切だと応用行動分析学では考えます。

　たとえば電気をつける行動は、「つけなさい！」と言われたり、暗いからつけるのではなく、電気をつけると明るくなるからであったり、電気をつけるとほめられるからであると考えます。こう考えると子どもたちの電気遊びでは、「やめなさい」と言っても伝わらなければ電球を外し、電気をつけても明るくならなければ、電気をつけたり消したりして遊ぶことは減ります。

　このように、何かしたことに対してどのような後続刺激があるのかが重要だと考えます。離席している子どもに「座りなさい」と何度も教示するよりも、たまたま座ったときに、すかさずほめたり肯定的なフィードバックをすることにより、座るという行動を学習すると考えられます。

　私たちはメールをよく送ってくれる（先行刺激）人とよくやり取りするよりは、返事をよくしてくれる（後続刺激）人とよくやり取りすることが多いと思います。

6-3 適切な行動を増やす

問題行動を減らすよりも、適切な行動を増やすことを目標とします。

🍀 しっかりフィードバックするために

　ほめることが大事だと頭では理解していても、ついつい不適切な行動を見ると叱りたくなってしまいます。それは、我々の叱るという行動が強化（その行動の頻度が高まること）されてしまっているからです。

　では、上手にほめるためにはどうすればいいのでしょうか？　現在、特別支援学校では、目標が設定された個別の指導計画が義務化されています。その計画では、抽象的な目標ではなく、具体的で達成可能な短期目標（短い間に達成できる目標）・長期目標（1年や学期間など長期的に見た目標）を書く必要があります。

　たとえば、廊下を走ってしまう子どもがいた場合、「廊下を走らない」という目標は、走らない絵を書けないので抽象的理解が必要になります。したがって、「廊下を歩く」という具体的にイメージできる目標を立てれば、「廊下を走る」ときは叱らずに、「廊下を歩く」ときにほめればよくなります。

　つまり、個別の指導計画は、子どもにとってもわかりやすいですが、教員にとってもわかりやすい見立てになります。そして、このように**問題行動を減らすことではなく、適切な行動を増やすことを目標とする**のが応用行動分析学の特徴でもあります。

🍀 ことばを育てるには？

　従来の発想では、ことばの発達が遅れている子どもたちには、「言語刺激をたくさん与えなさい」と指示をされていました。

　しかし、2-2で説明した「共同注視」の原理を考えると、子どもに働きかけをするよりも、子どもからの働きかけにしっかりとフィードバ

◎具体的な目標を立てる◎

　問題行動は、障害があるためではなく、適切な行動をまだ学習していないか、不適切な行動を学習してしまったために起こると考えてみましょう。

　社会的に適切な行動を学習していくことこそ教育の根本です。

　我々がなかなかほめられていないのは、何をほめればいいのかの見立てがないからです。

　したがって、本人が主体となって達成可能な、具体的な行動目標を立てることが必要になります。

　なぜならば、目標が不明確だと子どもは何をすればいいのかわからないですし、教師や大人も何をほめればいいのかが不明確になってしまうからです。

　「廊下を歩く」という目標がなければ、大人は「廊下を歩く」ことをなかなかほめることはできません。

　また、抽象的な目標で、あるときはほめられて、あるときは叱られるとなると、誰でも混乱してしまいます。

　誰が見てもほめられる「目標」を立てましょう。

ックできるかが重要だと考えられるようになりました。生後12か月頃、子どもから「あ！」という指差しがあったときに、「ブーブーだね」とフィードバックすることによって、子どもは指差したものを「ブーブー」というと学習します。

　そのような意味でもフィードバックはとても大切です。「話し上手は聞き上手」と言われるように、話を聞いてくれる人には話をしやすいですし、人間は他人に話して言語化することによって自分の悩みを解決することもあるので、教師や大人には聞く役割も重要です。

ポーテージプログラムとは？

　発達に遅れや偏りがある子どもを対象とした早期教育プログラムに、「ポーテージプログラム」があります。ポーテージプログラムは、アメリカ合衆国ウィスコンシン州ポーテージという場所で1972年に開発されました。日本では山口薫らが1983年に翻案し、1985年の日本ポーテージ協会（http://www.japan-portage.org/）設立とともに啓発活動を続けています。

　ポーテージプログラムの特徴としては、①1人ひとりの子どもの発達に応じたアプローチをする個別プログラム、②親が指導の中心となって、主に家庭などの日常生活の中で指導を行なう家庭中心プログラム、③応用行動分析の原理を用い、指導の目標や結果を具体的に記録しながら行動目標の達成を目指すプログラム、という3点が挙げられます。

　ポーテージプログラムでは、発達領域を「乳児期の発達」「社会性」「言語」「身辺自立」「認知」「運動」の6つに区分しています。そして、発達領域ごとに達成されることが望ましい行動目標がチェックリストになっており、平均的な発達の子どものデータをもとに、発達年齢0歳から6歳までの系列に従って、576項目配置されています。

　ポーテージプログラムでは、子どもの指導を行なうのは療育センターや保育所などだけではなく、子どもが一番長く時間を過ごすであろう家庭においてであり、お腹が空いたときやのどが乾いたときこそ、言葉を合理的に学習できると考えています。また、着替えや排泄等の身辺自立に関しても、家庭は合理的な学習の場であると考えます。

　そして、障害をもつ子どもだけではなく、その母親を中心とする家族も支援の対象と考え、子どもの発達を母親が客観的に知り、具体的に何をすべきかを個別の指導計画とともに提示します。

　大人でも、具体的に何をすればいいのかがわかれば、安心して子育てができます。カウンセリング等の心理支援も行ない、母親が楽しんで育児ができれば、子どもの発達にもいい影響が表われると考えられています。

第 **7** 章

発達障害の支援で大切なこと

7-1 インクルージョンとは？

> インクルージョンとは、障害の有無、種別を超えて、さまざまな観点から子どもたちの発達に応じた教育を行なっていこうとする考え方です。

❀ 障害種別にこだわらない

　本書では、前半部分で発達障害全般を、後半部分は障害種別の特徴を説明しました。しかし、それぞれ関連している部分も多かったと思います。

　もともと特殊教育から特別支援教育に移行したのは、医療の発展によって低出生体重児の生存可能性が高まり、重複障害の数も増え、従来の障害別の特殊学校では対応しきれなくなってきたという事情がありました。そこで、障害種別よりも、個人のニーズに応じた教育を目指していこうということで、特別支援教育が始まりました。

　その一方で、通常学級にも、さまざまな困難のある子どもたちが存在していることが明らかになってきました。これは、脳認知科学の発展によるものであり、今後さらに脳認知科学が発展すれば、新しい障害も発見されるようになるでしょう。

　したがって、「○○障害だから△△な支援が必要」と考えるのではなく、「Kくんには、○○障害のようなニーズがあるから、そちらの支援を応用しながら、全体をサポートしていこう」という考え方が大切になります（次ページ図表参照）。たとえば、ダウン症であっても、自閉スペクトラム症のような行動パターンを示す場合もありますし、同じ学習障害であっても、読み書き障害と算数障害とでは対応は異なります。そして、読み書き障害があるために社会性に困難を示す子どももいます。

　発達障害のようなDisabilitiesは、行政や研究者にとって便宜的につくられたものであり、子ども1人ひとりにおいては、障害名よりも子ども1人ひとりのニーズに応じた支援が必要ということになります。そして、従来の特殊教育がたくわえてきた研究成果を、今後は通常学級にも活か

◎障害種別から特別な教育的ニーズへ◎

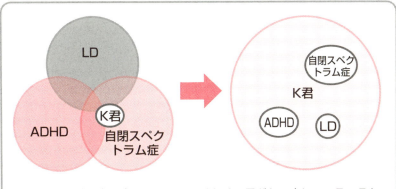

子どもを障害名に当てはめるのではなく、子どもの中に、いろいろな特徴があるという理解が大切です。

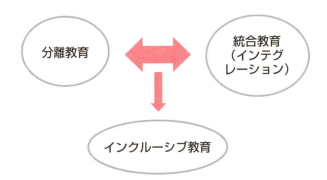

従来の障害種別の教育ではなく、また、みんな一緒の統合教育ではなく、インクルーシブ教育（障害のあるなしにかかわらず、1人ひとりのニーズに合わせた教育）は第三の路です。「みんな違って、みんないい」と表わされています。

していくことが求められます。

　日本も目指しているインクルージョンは、障害がある子どももない子どもも一緒に学ばせることを第一に目指しているのではなく、従来の特殊教育も通常教育も、インクルードして、それぞれのよさをさまざまな子どもたちの教育に活かしていこうとする考え方になります。その中で、地域の学校で子どもの発達に応じた必要な支援を行ないながら、できることを増やしていくという発想が大事になると思います。

7-2 主体的に行動できるように支援する

認知発達は人それぞれです。指示をして行動させるのではなく、自発的に行動できるように支援していくことが重要です。

🍀 認知発達と見立て

　同じ物を見ても、見る人の経験によって見方が違います。これを「認知能力」といいます。これは、大人でも違いがあるので、子どもであれば、なおさら個人差が大きいと考えられます。したがって、その子ども1人ひとりの認知発達に合わせた教育が必要になると思います。

　たとえば、時計を忘れたり、予定が急に変わったりするなど見立て（予測）が崩れた場合は、大人でも不安になります。「何をするのか？　どうするのか？」といった見立てが明確にできるような支援があれば不安は減少します。

　また、支援ツールのモデルとして、「メガネを利用する」ことができます。教育での視覚障害の定義は、矯正視力が0.3未満のことを指します。もしメガネがなければ、遠視や近視も視覚障害と考えられます。

　しかし、現代ではメガネがあるので、近視や遠視の場合でも通常学級で学ぶことができます。しかし大切なことは、メガネという支援ツールが勉強を教えてくれるわけではないということです。九九や漢字を覚えたりするのは、あくまでも本人なのです。サッカーでたとえると、支援はサポーターです。選手ではないですが、大きな力となります。

　特別支援教育の「支援」は、子どもが主人公であり、それをいかに支援しながら、育てていくことが目的となります。

🍀 フィードバックが大切

　個別の指導計画では、子どもを主語として、達成可能で具体的な短期目標・長期目標の設定が必要になります。それは、子どもをほめるための見立てになるからです。

◎**主体的な行動を増やす**◎

> 　大人が口頭で指示をして、それを理解できるのではあれば、何も問題はありません。しかし、認知発達には大きな個人差があるので、いくら大人が口頭で説明しても、それがイメージできるわけではありません。
> 　教室では、先生の話を聞いていない子どもを一番前の席にしがちですが、声が小さいから聞こえないわけではないので、前にすればするほど、他の子どもが何をしているのかを確認するために、後ろなど周りを見るようになりがちです。
> 　むしろ、前にモデルとなる子どもの席を配置したほうが、イメージしやすくなるかもしれません。
> 　あくまでも子どもたちが主体で、子どもたちが正しいことを自発的に行なうことに対して積極的にほめたり、うなずくなどのフィードバックをすることが大事になります。
> 　問題行動を減らすのではなく、社会的に適切な行動を増やすことが、教育の本質です。

　ほめることが大切だといっても、闇雲にほめればいいわけではありません。ほめるポイントを明確にすることが大切です。あるときはほめられたのに、あるときは叱られたというような場合は、子どもたちは混乱してしまいます。

　また、不適切な行動を叱ったとしても、適切な行動を教えなければ、叱られた以外の新しい不適切な行動を学習してしまうかもしれません。望ましい行動を子どもが見せたときは、積極的にフィードバックしていくことが重要です。

　フィードバックの方法は、ほめるだけではなく、本人の発達によって大人がうなずいたり、うれしそうな表情をするだけでも、フィードバックになることもあります。

　たとえば、お手伝いをしてもらったときに、「お母さんはうれしいよ」「先生もうれしかったよ」という声がけが、子どもたちにとってのご褒美になることもたくさんあります。

これからのインクルージョン

　本書では、障害があるから支援をするのではなく、人の発達には個人差があるので、障害の有無にかかわらず個人の「ニーズ」に合わせた支援を行なっていくことが重要であると述べてきました。

　読み書きや計算、ルール理解が苦手な子どもがいるのは、学校のカリキュラムがその子どもの発達に合っておらず、「年齢だけでカリキュラムが決められている教育制度」の犠牲になっているだけかもしれません。

　たとえば身長の場合、小学校2年生でも3年生の平均より身長が高い子や、小学校1年生の平均よりも低い子がいるなど個人差があります。

　同様に、知能検査や認知検査の発展により個人差がわかるようになったため、それらの発達が遅れている子どもを「発達障害」と呼ぶようになったのではないでしょうか。

　では、絵や楽器が苦手な子どもの場合はどうでしょうか。現在では、それらの苦手さの要因を測る検査がないので「障害視」されていないのかもしれませんが、今後、絵や楽器の上手い下手を測ることができる視覚認知検査や聴覚認知検査が開発された場合、それらの数値によって新しい障害名がつけられるかもしれません。

　しかし、このような新しい検査は、障害名をつけるためではなく、合理的な支援方法を見つけるために使われるべきだと思います。

　「インクルージョン」とは、障害のある人たちを特別視するのではなく、障害のあるなしにかかわらず、人々が互いにその特徴を活かして支え合う社会のことを指すと思います。

　障害がある子どもとない子どもをあえて分けて教育することの合理性は説明できないかもしれませんが、「同じ年齢だから、同じ学級で学ぶ」という合理性についての説明も難しいでしょう。

　今後も脳科学の発展によって、個人差はどんどん発見されていくでしょう。そうであれば、それらを肯定的に活かしていく社会が大事だと思います。「障害がある」と言われている人たちにおいても、新しい能力を見つけることが可能になっていくと思われます。

さくいん

ABC

ABC分析 …………………………………… 132
ADHD（注意欠陥多動性障害／注意
　欠如多動症） ………………… 10, 22, 56
DN-CAS ……………………………… 82, 112
K-ABC（K-ABC Ⅱ）………… 82, 106, 112
LD（学習障害）………………… 10, 22, 80, 84
WISC-Ⅳ（WISC）
　…………………… 82, 94, 106, 112, 118

あ行

アスペルガー障害 ……………………… 28, 50
意味記憶 ……………………………………… 116
インクルーシブ教育 …………………… 139
インクルージョン ……………… 124, 139, 142
エピソード記憶 …………………………… 116
オウム返し（エコラリア）……………… 36
応用行動分析学 …………………………… 132
オペラント行動 …………………………… 132
音韻意識 ……………………………………… 90

か行

科学的概念 …………………………………… 97
数概念 ………………………………………… 68, 98
仮説演繹法 ………………………………… 50, 96
感覚遊び …………………………… 31, 44, 51
帰納法 ………………………………………… 96
逆思考 ………………………………………… 100
共同注意（ジョイントアテンション）
　…………………………………………… 30
共同注視 ……………………………………… 30
具象概念 ……………………………………… 38
継次処理 …………………………… 19, 71, 94
結晶性知能 …………………………………… 18
高機能自閉症 …………………………… 28, 51
後続刺激 ……………………………………… 132
広汎性発達障害 ………………………… 10, 28
合理的配慮 ……………………………… 78, 131
コーピングスキル ……………………… 53, 71
こだわり・常同行動 …………………… 44

さ行

視覚短期記憶 ……………………………… 94
視覚認知 ……………………………………… 92
時間概念 …………………………………… 62, 73
時系列の理解 ……………………………… 42
児童相談所 …………………………………… 49
児童発達支援センター ………………… 49
自閉症 ………………………………………… 28
自閉スペクトラム症 ………… 10, 24, 28
集団遊び ……………………………………… 51
順思考 ………………………………………… 100
障害者の権利に関する条約（障害者権
　利条約）………………… 26, 78, 128, 131
生涯発達 ……………………………………… 19
生涯発達支援 ……………………………… 127
象徴遊び ……………………………………… 51
衝動性 ………………………… 22, 56, 68, 70
推論 ………………………………………… 102, 104

生活的概念	97
精神遅滞	114
先行刺激	132
早期発達支援	48, 122
ソーシャルスキル・トレーニング（SST）	35
粗大運動	72

た行

ダウン症	120
他者理解	25
多動性	22, 56, 62, 64, 66
田中ビネー知能検査Ⅴ（田中ビネー式検査、田中ビネーⅤ）	82, 101, 118, 119
短期記憶	116
知的障害	10, 24, 114, 116
知能検査	82, 112
知能指数	118
注意	19
抽象概念	38
聴覚認知	87
長期記憶	116
通級指導教室	13
通級による指導	13, 14
手続き記憶	116
同時処理	19, 94
特殊教育	12
特別支援学級	13, 14
特別支援学校	13, 14
特別支援教育	13, 14

な行

内言	64, 71, 89
認知能力	140
認知発達	19, 54
認知検査（認知発達検査）	82, 112

は行

発達障害者支援センター	49
発達障害者支援法	16, 114
ピープル・ファースト運動	128
微細運動	72
一人遊び	31
不注意	22, 56, 58, 60
プランニング	19
偏差知能指数（DIQ）	118
ポーテージプログラム	131, 136

ま行

モデリング	123

ら行

流動性知能	18
類似概念	36, 102
ルール遊び	51
ルール理解	19, 25

主な参考文献一覧

『田中ビネー知能検査Ⅴ　理論マニュアル』財団法人田中教育研究所編著、杉原一昭・杉原隆監修、中村淳子・大川一郎・野原理恵・芹沢奈菜美編著、田研出版

『WISC-Ⅳ理論・解釈マニュアル』David Wechsler; 日本版WISC-Ⅳ刊行委員会訳編著（日本版WISC-Ⅳ知能検査 / David Wechsler著; 日本版WISC-Ⅳ刊行委員会訳編著）、日本文化科学社

『日本版 WISC-Ⅲ知能検査法　理論編』David Wechsler著; 日本版WISC-Ⅲ刊行委員会訳編著、日本文化科学社

『K・ABC心理・教育アセスメントバッテリー：実施・採点マニュアル』松原達哉・藤田和弘・前川久男・石隈利紀著、丸善出版株式会社

『新訳版　思考と言語』ヴィゴツキー著、柴田義松訳、新読書社

『発達が気になる子どものためのポーテージプログラム入門：0歳から家庭でできる発達支援』清水直治・吉川真知子編著、日本ポーテージ協会監修、合同出版

『Q&Aと事例で読む親と教師のためのLD相談室』山口薫編著、中央法規出版

『学習障害・学習困難の判定と支援教育』山口薫・西永堅編著、文教資料協会

『特別支援教育の展開―インクルージョン（共生）を目指す長い旅路』山口薫著、文教資料協会

『特別支援教育の展望』山口薫・金子健著、日本文化科学社

『インクルージョン教育への道』ピーター・ミットラー著、山口薫訳、東京大学出版会

『DSM-5精神疾患の診断・統計マニュアル』日本精神神経学会（日本語版用語監修）、髙橋三郎・大野裕（監訳）、医学書院

西永　堅（にしなが　けん）

1975年生まれ。星槎大学共生科学部・星槎大学大学院教育学研究科教授。専門分野は、特別支援教育・心理学。東京学芸大学大学院教育学研究科修了、星槎大学共生科学部専任講師を経て、現職。研究テーマは、発達が遅れている子どもたち（知的障害、学習障害、ADHD、自閉スペクトラム症などの発達障害）への早期支援と家族支援。編著書に、『学習障害・学習困難の判定と支援教育』（文教資料協会）がある。

基本から理解したい人のための
子どもの発達障害と支援のしかたがわかる本

2017年2月1日　初版発行
2025年5月10日　第17刷発行

著　者　西永　堅　©K.Nishinaga 2017
発行者　杉本淳一

発行所　株式会社 日本実業出版社　東京都新宿区市谷本村町3-29 〒162-0845
　　　　編集部　☎03-3268-5651
　　　　営業部　☎03-3268-5161　　振替　00170-1-25349
　　　　　　　　　　　　　　　　　　　https://www.njg.co.jp/

印刷／厚徳社　　製本／共栄社

この本の内容についてのお問合せは、書面かFAX（03-3268-0832）にてお願い致します。
落丁・乱丁本は、送料小社負担にて、お取り替え致します。

ISBN 978-4-534-05468-5　Printed in JAPAN

日本実業出版社の本

あれこれ言わなくても大丈夫!
自分で考える子になる「こども手帳術」

星野けいこ　著
浅倉ユキ　監修
定価 本体 1400円（税別）

「こども手帳」を使えば、子どもは時間管理能力を身につけられ、自分で行動できるようになり、親子の絆も深まります。朝のしたくのスピードアップ法、忘れものがなくなるコツなどを紹介。

人気管理栄養士が教える
頭のいい子が育つ食事

小山浩子　著
定価 本体 1300円（税別）

子どもの脳は6歳までにほぼ完成します。頭のいい子を育てるには、それまでに必要な栄養を与えることが重要です。育脳に詳しい管理栄養士が、栄養の基礎知識や年齢別の食事のポイント等を解説！

4歳〜9歳で生きる基礎力が決まる!
花まる学習会式　1人でできる子の育て方

箕浦健治　著
高濱正伸　監修
定価 本体 1400円（税別）

勉強はできるが人間関係でつまずき、学校に適応できない子どもが増えています。幼児〜小学生向けの学習教室「花まる学習会」で5万人を指導してきた著者が、生きる力の伸ばし方を教えます。

知る、見守る、ときどき助ける
モンテッソーリ流「自分でできる子」の育て方

神成美輝　著
百枝義雄　監修
定価 本体 1400円（税別）

子どもの「敏感期」を知って（知る）、観察して（見守る）、適切に働きかける（ときどき助ける）という欧米で実績のある「モンテッソーリ流子育て」の方法を漫画イラストで紹介します。

定価変更の場合はご了承ください。